BRUCHSTÜCKE

AUS DEN

HINTERLASSENEN SCHRIFTEN

DES K. K. ÖSTERR. OBERBEREITERS
MAX RITTER VON WEYROTHER.

GESAMMELT
DURCH EINIGE SEINER FREUNDE.

MIT DEM PORTRAIT DES VERFASSERS.

WIEN, 1836.

IN COMMISSION BEY J. G. HEUBNER.

FRAGMENTS

FROM THE WRITINGS

OF

MAX RITTER VON WEYROTHER,

AUSTRIAN IMPERIAL AND ROYAL OBERBEREITER

VIENNA, 1836

WITH A PREFACE BY ANDREAS HAUSBERGER,
CHIEF RIDER, SPANISH RIDING SCHOOL
OF VIENNA

AND AN INTRODUCTORY NOTE
BY DANIEL PEVSNER FBHS

TRANSLATED BY H. J. FANE

Copyright ©Xenophon Press 2017

*Fragments from the Writings of Max Ritter von Weyrother,
Austrian Imperial and Royal Oberbereiter*

Translated by H. J. FANE

All rights reserved. No part of this work may be reproduced or transmitted in any form or by any means, electronic or mechanical, including photocopying, or by any information storage or retrieval system except by written permission from the publisher.

Published by Xenophon Press, LLC
www.XenophonPress.com
7518 Bayside Road, Franktown, Virginia 23354-2106, U.S.A.

ISBN-13:978-0-933316-97-3

MAX RITTER VON WEYROTHER

Image: Copyright ©Spanish Riding School of Vienna

INHALTSVERZEICHNIS.

Vorwort 20
Einleitung 24
Erklärung 26
Anwendung der Grundsätze des Gleichgewichts auf den Reiter 28
Aufsitzen 32
Von der Stellung und dem Sitze zu Pferde 34
Stellung der Hand 36
Anlage der Schenkel 38
Führung der Hand 48
Von dem Schritte 50
Von dem Trab 54
Der Travers 68
Der Galopp 70
Vom Wechseln im Galopp 84
Von der Carrière 92
Dressur des Rohen Unbearbeiteten Pferdes 94
Erste Bearbeitung des Pferdes auf der Reitbahn 100
Anhang 102
Von der Bezähmung eines Durch Güte Nicht zu Corrigirenden Pferdes 116
Xenophon Press Library 121

TABLE OF CONTENTS.

Preface 9
Introductory Note 11
Translator's Note 13
Translator's Reference Sources 15
Foreword 21
Introduction 25
Clarification 27
Application of the Basic Principles of Equilibrium to the Rider 29
Mounting 33
The Position and Seat When Mounted 35
Position of the Hand 37
Position of the Legs 39
Using the Hand 49
The Walk 51
The Trot 55
Travers 69
The Canter 71
Canter Changes 85
The Gallop 93
Training the Green Untrained Horse 95
First Working of the Horse in the Manège 101
Appendix 103
Taming a Horse That Can No Longer be Corrected by Kindness 117
Xenophon Press Library 121

PREFACE.
by Andreas Hausberger, Chief Rider,
Spanish Riding School of Vienna

I was delighted to learn that the writings of Max von Weyrother had been translated into English. This is a seminal work for us at the Spanish Riding School and one of the cornerstones of our theory and practice. As you will read in the introduction, Weyrother made a major contribution to classical horsemanship and the foundation of modern dressage. Now this work is available to a much wider audience as well as to the pupils at the Spanish Riding School.

Although many of the exercises are described as ridden with the reins in one hand, the basic building blocks are the same for all riders and the aids for each movement have not changed. It is these fundamental elements that Weyrother explains so well. Without them we cannot achieve the art of good riding and so I heartily recommend this text to all aspiring equestrians.

INTRODUCTORY NOTE.
by Daniel Pevsner FBHS
- pupil, Spanish Riding School of Vienna

Max Ritter von Weyrother was the last and most illustrious representative of an equestrian dynasty whose members served the Spanish Riding School (SRS), as Chief Riders, for almost 100 years. He was the School's Director and Chief Rider in the years 1819-33, and his contribution to what today is described as "classical" horsemanship is inestimable; not only has he left his mark in Austria, he also greatly influenced German riding through his German pupils, Seidler and Seeger. The latter was of course the teacher of Steinbrecht, father of modern German equitation.

When Weyrother was posted to Vienna the SRS was the only school left that concerned itself with the methodical practice of the art of high-school and, with the cultivation and the preservation of the purity of equine locomotion. There were quite a few very good cavalry schools throughout Europe, but all had to fulfil a practical brief which demanded immediate results. The only other school devoted to the art of pure riding was the School of Versailles in France. This was closed after the French revolution and thus the SRS remained the sole guardian of the art. Ironically though, French ideas and practices that were lost to France, never to be fully recovered, found a new home in the School of Vienna.

It was perhaps Weyrother's greatest gift to Austrian horsemanship, and therefore to that of the world, that he introduced the school to the writings of the great French Ecuyer, de la Guérinière, the founder of modern dressage. The twenty years or so that Weyrother served the Vienna school were dedicated to the installing, practising and promoting of de la Guérinière's principles and equestrian legacy as described in his book, *École de Cavalerie*.

In *Fragments*, Weyrother faithfully follows de la Guérinière's precepts and expands on them in various ways. Aside from technique and science, Weyrother also offers a moral and philosophical view of horse training. Schooling methods are variable and numerous but they only work for the one he describes as a "reflective rider," one who works humanely and respects the horse's physiological and psychological needs. This is a message that is as fresh and relevant today as it was in the early nineteenth century.

TRANSLATOR'S NOTE.

I am indebted to the late Daniel Pevsner for introducing me to *Fragments from the Writings of Max Ritter von Weyrother* and writing the introductory note. The initial reason to translate this work, at Danny's instigation in 2001, was to access the teachings of this classical riding master, long considered a fundamental text for pupils at the Spanish Riding School of Vienna. Danny was instrumental in helping me gain a deeper understanding of the text and in editing the translation, working on it with me intermittently over several years until just before he died in 2014. I am immensely grateful to him.

The source text we used is the edition published by Olms Presse 1977, which has given its approval to produce this bilingual version. That publication in turn is a reprint based on the copy held at the Austrian National Library in Vienna, now available in digital format thanks to Google at: http://search.obvsg.at/primo_library/libweb/action/display.do?tabs=detailsTab&ct=display&fn=search&doc=TN_ABO_%2b-Z167095105&indx=1&recIds=TN_ABO_%2bZ167095105&recIdxs=0&elementId=0&renderMode=poppedOut&displayMode=full&frbrVersion=&dscnt=0&tab=onb_fulltext&dstmp=1399493892991&vl%28freeText0%29=max%20ritter%20von%20weyrother&vid=ONB&mode=Basic&gathStatIcon=true

Both the Austrian National Library and Google have given their permission to publish the original text. I am also grateful to the Spanish Riding School of Vienna for granting permission to use the image of Max von Weyrother astride a horse.

The original of the German is in the gothic script that was widely in use until the 1940s and this has been converted into modern German script. However, the original spelling used by the author has been retained.

We have tried throughout to reach a compromise between adhering to the original 19th century German and making the text accessible to the modern reader, inserting Translator's Notes (TNs) where we felt an explanation was required. I am indebted to Jo Jarrett and Robert Pring, who have proofread the English and made helpful suggestions so that the final version makes sense to a modern classical rider. Further thanks are due to Andreas Hausberger for providing the preface.

I hope the reader will bear with any errors I may have made. A note of some of the reference sources is included below.

As a rider, I find myself returning to this book every so often, rediscovering the relevance of von Weyrother's words and discovering new insights as my riding develops. I hope other readers enjoy it as much as I do.

H. J. Fane

All rights to the translation are reserved.
© H.J. Fane 2016

TRANSLATOR'S REFERENCE SOURCES
FOR VON WEYROTHER'S FRAGMENTS

1. ***Schuh*** = approximately a foot
http://www.kartenmeister.com/preview/html/measurements__coinage.html
According to this site, a Schuh would be between 28.8 and 31.3 centimetres. A Schuh (or shoe) later became a Fuss (or foot).

http://en.wikipedia.org/wiki/German_obsolete_units_of_measurement#Fu.C3.9F_.28foot.29
According to this site, in Vienna a foot was 31.6 centimetres.

2. ***Spanne*** = span
http://www.gwydir.demon.co.uk/jo/units/length.htm
One span = 22.86 cm.

3. ***Laden*** = toothless part of the horse's mouth, i.e. bars

Breu, Karl (ed.), 1933; *A German and English Dictionary*, Cassell and Company, Ltd, London, Toronto, Melbourne and Sydney

4. O'Beirne-Ranelagh, Elizabeth (ed.), 1996; *The International Horseman's Dictionary*, J.A. Allen, London

5. ***Kleine Tour*** = small circle or volte
http://www.pferdewissen.ch/bahnfiguren.php

Maximilian Ritter von Weyrother (1783-1833)
lithograph, 1836

BRUCHSTÜCKE

AUS DEN

HINTERLASSENEN SCHRIFTEN

DES K. K. ÖSTERR. OBERBEREITERS
MAX RITTER VON WEYROTHER.

GESAMMELT
DURCH EINIGE SEINER FREUNDE.

MIT DEM PORTRAIT DES VERFASSERS.

WIEN, 1836.

IN COMMISSION BEY J. G. HEUBNER.

FRAGMENTS FROM THE WRITINGS OF MAX RITTER VON WEYROTHER

AUSTRIAN IMPERIAL AND ROYAL OBERBEREITER

—

Compiled by some of his friends

With a portrait of the author

—

Vienna, 1836

On consignment with J.G. Heubner

VORWORT.

Welchem von seinen Schülern und Freunden hat Max v. Weyrother nicht ein bleibendes Bild seines thätigen Lebens zurück gelassen?

— Mit welcher lebhaften Theilnahme wurden daher dessen hinterlassene Schriften durchlesen, und wie sehr mußte man bedauern, daß die nur zu früh unterbrochene Laufbahn dieses ausgezeichneten Mannes, ihm nicht gestattete, ein Werk zu vollenden, wovon jetzt leider nur einzelne Bruchstücke mitgetheilt werden können!

—Dennoch wird die Veröffentlichung derselben demjenigen Theile des Publicums willkommen seyn, dessen Liebhaberey für Pferde und Reiterey in diesen abgebrochenen Entwürfen, die einen Rückblick auf das viele Gute gewähren, welches durch Max v. Weyrother in seinem Fache gewirkt wurde, praktischen Rath finden wird.

Max v. Weyrother hatte stets im Auge, nach und nach eine vernünftigere und gebildetere Art der Behandlung dieses uns so nützlichen Thieres zu erzielen. Welcher Vortheil für die österreichische Monarchie hieraus hervorging, werden diejenigen am Besten zu würdigen wissen, welche die Bearbeitung der Remonten vor 20 Jahren gesehen, und dagegen in neuerer Zeit einen so merklichen Unterschied finden. Wie thätig Max v. Weyrother darauf hingewirkt hat, beweisen seine im Anhange aufgenommenen schriftlichen Mittheilungen an die damahligen Herren Dirigenten des k. k. Militär-Equitations-Institutes in Wiener-Neustadt. Hat dieses Institut gleich nicht den gewünschten Fortbestand gehabt, so wurden doch daselbst Schüler gebildet, welche bleibenden Nutzen in der Armee zurück lassen, da nicht nur für eine höhere Stufe der Cultur Erfreuliches hieraus hervor geht, sondern auch die Remontirungskosten durch eine zweckmäßige Behandlung des Pferdes bedeutend vermindert werden.

Daß eine jede Sache mit der Zeit gleichen Schritt halten müsse, um bey

FOREWORD.

Max von Weyrother made a strong impression on all his students and friends during his active life.

For this reason, his legacy of writings has been read enthusiastically, and it is greatly to be regretted that the all too short career of this outstanding individual did not permit him to complete the work, only a few fragments of which remain to be passed on.

Nonetheless, their publication will be very welcome to that portion of the public involved with horses and equitation, who will derive much practical advice from these unfinished notes, providing as they do an overview of the considerable amount of good that Max von Weyrother achieved in his specialist field.

Max von Weyrother constantly aimed to develop a more intelligent and knowledgeable way of treating this most useful of animals. The benefit of this to the Austrian monarchy will best be appreciated by those who saw the working of the remounts 20 years ago and by contrast can now see such a remarkable difference. The extent to which Max von Weyrother had an effect on this is evidenced in the appendix in the written notes addressed to the then Directors of the Imperial and Royal Military Institute of Equitation in Wiener Neustadt (New Vienna). Although this Institute did not last as long as might have been wished, students were nonetheless trained there, who have gone on to provide long-serving assistance to the army, since this has led not only to a positive contribution to a higher level of the art, but also to a substantial reduction in remount costs through appropriate training of the horse.

That everything must keep pace with its time

den Zeitgenossen in nützlichem Werthe zu bleiben, beweiset wohl auch die Reiterey, die nur wegen den veralteten Grundsätzen der sogenannten Schul- reiterey zurück zu gehen anfing. Ihre Schüler fanden nicht mehr Befriedigung im praktischen Leben, und nannten diese Art von Unterricht eine Pedanterie, die außer den vier Wänden einer Reitschule, eine unnütze Sache, eine Spielerey geworden sey.

Die ältern Lehrer vergassen nähmlich in ihrer Einseitigkeit den Ursprung dieser Kunst, und die Bestimmung einer jeden Schule: in ihr vielseitige Bildung nach der Vielseitigkeit menschlicher Bedürfnisse erlangen zu können. — Aus Bequemlichkeit, aus Eigensinn, aus Mangel an Uebung, auch bey einem andern Gebrauche das so gelehrige Pferd zu benützen, als nur zu Seitwärtsgängen, zum Tanzen, Courbettiren und Springen — übersahen gar manche Lehrer das Interesse des Publikums sowohl als ihr eigenes, und schadeten dadurch einer Sache, die für das Vergnügen des Menschen, wie auch für seinen Vortheil bleibende Aufmerksamkeit und Vervollkommnung verdiente.

Max v. Weyrother erkannte aber dieses gar bald; und dessen zu frühes Scheiden von seinem Wirkungskreise ist um so mehr zu bedauern, weil er durch die Stellung als Oberbereiter sowohl für die k. k. Reitschule an der Burg, als auch für die k. k. Campagne-Reitschule in voller Thätigkeit lebte, und daher im Falle war, den Beweis durchzuführen, daß die Kunst zu reiten und reiten zu lehren nur diejenige sey: das Pferd dem Willen seines Reiters gehorsam und ergeben, den Reiter selbst aber so geschickt zu machen, daß er durch seine verschiedenen Hülfen, alle dem Pferde möglichen Bewegungen vorzubereiten, auszuführen, und ihnen mit Kraft und Gewandtheit zu folgen und zu widerstehen wisse. Nur dieß ist die wahre Schulreiterey.

Dieses Bild hinterließ uns Max v. Weyrother, und obwohl er ein gleiches Loos mit allen seinen Nebenmenschen theilt, daß nähmlich für und gegen ihn gesprochen wurde; so leben doch die rechtfertigendsten Beweise seiner Kunst in den vielen und schönen Reitern, die durch ihn und nach seiner Anweisung gebildet wurden.

in order to remain useful to its contemporaries is no less true of equitation, which had started simply to go backwards due to outmoded principles of what was known as school riding. Its students no longer derived any satisfaction from their practical life and referred to this type of instruction as pedantry, a mere gimmick, which had become useless outside the four walls of the riding school.

The older teachers, in their narrow-mindedness, forgot both the origins of the art and the purpose of every school, which is to provide a broad education in accordance with the multifaceted nature of human needs. Through complacency, obstinacy, lack of practice, and by using such highly trained horses for no other purpose than going sideways, dancing, performing courbettes and leaps, many teachers overlooked both their own interest as well as that of the public, and thereby damaged something that deserved constant attention and perfection both as a source of enjoyment to man and for his benefit.

Max von Weyrother, however, quickly recognised this and his all too early departure from his sphere of activity is all the more regrettable as, in his position as Oberbereiter[1] both for the imperial and royal school of equitation at the palace and for the imperial and royal campaign riding school, he carried out his profession very actively. For this reason he was in a position to prove that the art of riding and teaching riding are none other than the following: to make the horse obedient and responsive to the will of the rider, and the rider himself so skilled that through his various aids he is able to prepare and carry out all the possible movements that the horse is able to perform, and to follow and resist them with strength and skill. This alone is the true school equitation.

This is the picture bequeathed by Max von Weyrother and although he shares the same lot as all his fellow humans, in that there are indeed some who speak for him and some against him, the many fine riders who were trained by him and according to his methods are a living proof of his art.

---

1   Translator's note (TN) "Chief Rider"; Source:
    http://www.srs.at/en/tradition/the-chief-riders/

EINLEITUNG.

Der einfachste Unterricht, welcher zugleich jedem Individuum anpassend ist, wird auch dem Endzwecke des schnellen Abrichtens entsprechen; denn je weniger mannigfaltig die Beobachtung von Regeln ist, die der Lernende ausüben muß, desto leichter und daher schneller wird er sie erlernen.

Dem Schüler ist im Allgemeinen nichts anderes nöthig, als die verlangte Geschicklichkeit zu Pferde; der Lehrer (Abrichters) aber, welcher den Schüler nach der einfachen Methode unterrichten (abrichten) soll, muß diese Methode sich selbst als Resultat seiner Wissenschaft bilden, und nicht als ihm aufgestellte oder bloß erlernte Regel sie nur beobachten.

Die Grundsätze der Reitkunst müssen, wenn sie diesen Namen verdienen sollen, allgemein seyn.

Die Anfangsgründe sind, auf eine richtige Theorie reducirt stets dieselben; die einfachste Methode ist immer bey jedem Lernenden die beste.

Der Schüler sowohl als der künftige vollkommenste Bereiter müssen dieselben Anfangsgründe in der Reitkunst erlernen, und nur die höhere Vollkommenheit ist es, die nachher beyde unterscheidet.

Der Schüler gehorcht dem Befehle, und wird dieß um so leichter und schneller können, je verständlicher der Lehrer seinen Willen ihm erklärt. Der Letztere muß sich wissenschaftlicher Gründe bewußt seyn; denn nur eine helle Theorie kann demselben die einfachste Methode der Abrichtung an die Hand geben.

Die Reitkunst, sowohl als Kunst zu reiten, als auch Pferde zu dressiren, kann ihre Grundsätze, die unbedingt seyn müssen, nicht aus sich selbst aufstellen, sie muß sie entlehnen.

Den ersten Grundsatz nimmt die Reitkunst aus der Statik, den allgemeinen Satz des Gleichgewichts nähmlich: »Je mehr die Directions-Linie des Schwerpunctes in die Basis des Körpers fällt, desto stabiler ist der Körper.

INTRODUCTION.

The simplest instruction is appropriate for all individuals and also serves the purpose of rapid training, since the less complicated the rules the student must observe, the easier and therefore the more quickly the student will learn them.

The student generally only needs the appropriate aptitude for riding; the teacher (trainer), however, who is to instruct the student according to the simple method must develop this method himself from his own knowledge and not merely observe it from rules he has been given or simply learned.

The principles of the art of equitation, if they are to be worthy of this name, must be general. The basic elements, when reduced to correct theory, are always the same: the simplest method is always the best for the student.

The student, as well as the most accomplished future Bereiter,[2] must acquire through learning the same basic elements in the art of equitation and it is only the higher level of accomplishment that differentiates the two later on.

The student obeys the commands and will be able to do so all the more easily and quickly the more clearly the teacher explains his intention to him. The latter must be aware of scientific principles, since only a clear theory can provide him with the simplest method of training.

The art of equitation as both the art of riding and that of training horses cannot create its own principles - and principles there must indeed be - but must borrow them from elsewhere.

The first principle of the art of equitation is taken from statics, the general principle of equilibrium, that is the more the line of force of the centre of gravity falls into the base of the body, the more stable the body will be.

---

2   TN: Translated as "Rider" by the Spanish Riding School, a Bereiter also has responsibility for training horses and student riders. Cf: http://www.srs.at/en/tradition/the-riders/

ERKLÄRUNG.

In jedem schweren festen Körper ist ein Punct, der so liegt, daß alle Theile des Körpers, nach jeder Seite zu, ihn (den Körper) um diesen Punct eben so stark zu bewegen streben, als dieß die Theile auf der andern Seite nach der entgegengesetzten Richtung thun; daher sich diese Bestrebungen, weil sie gleich und gerade entgegengesetzt sind, aufheben. Dieser besagte Punct heißt des Körpers Schwerpunkt. Der Schwerpunkt einer Scheibe von gleicher Dichtigkeit und Dicke ist im Mittelpuncte derselben, der eines gleichseitigen Vierecks in dem Durchschnitte der Diagonalen. Wird der Schwerpunkt unterstützt, so sind alle Theile des Körpers untereinander in Ruhe, der ganze Körper ruht.

Eine senkrechte Linie aus diesem Schwerpunkte auf die Basis (Grundfläche des Körpers) heißt die Directions-Linie des Schwerpunktes. Fällt diese Linie innerhalb der Basis, so bleibt der Körper in seiner Stellung oder Lage; dieses geschieht aber um so mehr, je tiefer die Directions-Linie innerhalb des Umfanges der Basis fällt.

Eine Anwendung dieses Satzes ist: daß jeder Körper auf einer größeren Grundfläche sicherer als auf einer kleineren ruht. Ein Buch z. B. liegt sicherer auf der breiten Seite als es auf der schmalen steht. — Daraus folgt, daß ein Körper, welcher wenig Unterstützungspuncte hat, sie mögen nun den Boden, oder einen andern Körper, worauf der erste ruht, berühren, stabiler ist, wenn diese Unterstützungspuncte einen größern Umfang in Hinsicht ihrer Entfernung von einander haben. Der Untersatz des Gleichgewichtes ist: Je tiefer der Schwerpunkt liegt, oder je kürzer die Directions-Linie im Verhältnisse des Durchmessers der Basis ist, desto stabiler ist der Körper.

Diese Sätze des Gleichgewichtes werden nun zum Grundsatze der Reitkunst, wenn sie auf die Haltung des Reiters zu Pferde und auf die Stellung des Pferdes angewendet werden. Die Anwendung auf den Reiter und auf seinen Bau muß die Methode des Unterrichts bestimmen.

CLARIFICATION.

In every solid object or body there is a point which is situated in such a way that all parts of the body, on every side, strive to move it (the body) around this point as strongly as the parts on the other side try to move it in the opposite direction; as a result, these efforts, because they are equal and directly opposite forces, cancel each other out. The aforementioned point is called the centre of gravity of the body. The centre of gravity of a disc of equal density and thickness is at its mid-point, and that of an equal-sided square is at the intersection of the diagonals. If the centre of gravity is supported, all parts of the body are still and the entire body rests.

A vertical line from this centre of gravity to the base (the supporting surface of the body) is called the line of force of the centre of gravity. If this line falls within the base, the body remains in its position or location; this is all the more so, the further inside the circumference of the base the line of force falls.

One application of this rule is that all bodies rest more securely on a larger than on a smaller base. A book, for example, is more secure lying on its broad side than standing on its narrow side. It follows that a body that has few support points, whether it rests on the ground or another body, is more stable if these support points have a greater circumference with respect to their distance from each other. The underlying rule of equilibrium is as follows: the lower the centre of gravity, or the shorter the line of force in relation to the diameter of the base, the more stable will be the body.

These rules of equilibrium now become the basic principle of the art of equitation, when applied to the position of the mounted rider and to the position of the horse. The application to the rider and his build must determine the method of teaching.

ANWENDUNG DER GRUNDSÄTZE DES GLEICHGEWICHTS AUF DEN REITER.

Der Reiter wird dann das meiste Gleichgewicht haben, wenn die Directions-Linie seiner Schwere tief innerhalb der Puncte fällt, auf welchen er sitzt.

Es kann hier nur von der Haltung des Oberleibes, die bey einem Reiter den ganzen Rumpf umfaßt, die Rede seyn, denn die Schenkel werden dadurch in ihrer Lage bestimmt. Es muß also der Oberleib so gerichtet werden, daß die Directions- Linie ganz innerhalb seiner Ruhe, d. i. in die Sitzpuncte fällt.

Der Schwerpunct des aufrecht sitzenden Menschen ist in der Brusthöhle, in der Gegend der Herzgrube; zum Gewichte des Kopfes bilden die Eingeweide des Bauches das Gegengewicht, wozu die Richtung der Schenkel das Meiste beyträgt.

Die Sitzpuncte oder die Basis des Oberleibes müssen aus dem Skelette des Menschen bestimmt werden; denn es kann hier nur von festen Theilen die Rede seyn, da sie dem ganzen Rumpfe zur Grundfläche oder zur Unterstützung dienen müssen. In dem Skelette sind nur drey Knochen, wodurch der Rumpf auf dem Pferde unterstützt werden kann: dieß sind die Erhöhungen der Hüftbeine, die sogenannten Sitzbeine und das Steiß- oder heilige Bein, worin sich der Rückgrath endet. Diese drey Puncte muß nun der Rumpf zur Basis erhalten, wenn seine Haltung nach den Grundsätzen des Gleichgewichts bestimmt werden soll.

Das heilige Bein kann zwar bey dem Reiter nicht wie die Sitzbeine unmittelbar den Sattel berühren: es liegt höher und in der Mitte der beyden Sitzbeine; durch die Muskeln des Gesäßes (die Hinterbacken) aber wird es unterstützt und erhält so die mittelbare Berührung mit dem Sattel.

APPLICATION OF THE BASIC PRINCIPLES OF EQUILIBRIUM TO THE RIDER.

The rider will have the greatest balance if the line of force of his weight falls deep within the points on which he sits.

This can only be a matter of the posture of the upper body, which in the rider's case includes the whole trunk, since the position of the legs is determined by that. Therefore the upper body must be positioned in such a way that the line of force falls completely inside its resting place, i.e. into the seat points.

The centre of gravity of a person sitting upright is in the thoracic cavity, in the region of the solar plexus. The weight of the head is counteracted by the inside of the abdomen, to which the direction of the legs contributes the most.

The seat points or the base of the upper body must be determined by the person's skeleton, since this can only be a matter of solid parts, as the whole trunk must use them as its bearing surface or support. In the skeleton there are only three bones which can support the trunk on the horse. These are the points of the pelvis,[3] or what are known as the seat bones, and the coccyx, or tailbone, in which the spine ends. The trunk must have these three points as support if its position is to be determined by the laws of equilibrium.

While the rider's coccyx cannot touch the saddle directly like the seat bones, as it is higher up and lies between the two seat bones, nonetheless it is supported by the muscles of the seat (the buttocks) and thus has indirect contact with the saddle.

---

3   TN: The German translates literally as "hipbones" (Hüftbeine).

Zwischen den drey festen Unterstützungspuncten des Oberleibes, die seine Grundfläche auf dem Sattel ausmachen, muß nach dem aufgestellten ersten Satze des Gleichgewichts die Directions-Linie des Schwerpunctes fallen; der ganze Oberleib muß daher in allen einzelnen Theilen so gerichtet werden, daß Alles dazu beyträgt, das Fallen der Directions-Linie des Schwerpunktes innerhalb der drey Puncte zu befördern. Diese drey Puncte, die eigentliche feste Unterlage des Oberleibes, können in Hinsicht ihrer Entfernung von einander, keine veränderte Richtung annehmen; denn die Sitzbeine sind die untersten Enden der Hüften, und das Steißbein ist mit dem Becken verwachsen; in Hinsicht der Unterlage aber, welche dieser dritte Punct an den Muskeln der Hinterbacken hat, können sie einen größern Umfang annehmen. Wenn nähmlich die Schenkel flach an den Sattel gedreht, und zugleich die Hüften senkrecht gerichtet werden; so erweitert sich das Gesäß, indem die Hinterbacken sich mehr auseinander legen, wodurch nicht allein die Hüften eine nähere und daher bestimmtere Stellung auf den Sattel bekommen, sondern auch der Oberleib selbst an Gleichgewicht gewinnt, weil seine Grundfläche vergrößert wird. Da eigentlich die Hüften die feste Grundfläche des Oberleibes bestimmen, so sind sie wohl diejenigen Theile des Reiters, aus deren Richtung seine ganze Stellung und Haltung sich ergibt; denn beobachtet man den Reiter zu Pferde, so sieht man, daß, sobald er den Hüften eine veränderte Stellung gibt, die ganze Haltung des Oberleibes auch darnach geändert wird, und die Schenkel in ihrer Lage mehr gewinnen oder verlieren. Z. B. der Reiter legt seine Hüften zurück, so zieht er auch den Leib ein, krümmt den Rücken und hebt die Schenkel herauf; wie er aber die Hüften gerade stellt, so muß er auch ober denselben den Rücken aufrecht halten, und die Schenkel hängen lassen. Bestimmt nun die Richtung der Hüften die eigentliche Haltung des Reiters, so frägt es sich jetzt: Wie müssen die Hüften gestellt seyn?

Die Mechanik beweiset, daß die senkrechte Richtung eines aufrechten Körpers auf einen horizontalen, ihm (diesem Körper) die festeste Stellung gibt; denn jede andere Richtung neigt sich schon der horizontalen, also dem Fallen des aufrechten Körpers zu. Die senkrechte Stellung der Hüften, wenn zu gleicher Zeit die Schenkel aus denselben flach an den Sattel gedreht werden, gibt daher dem Oberleibe das meiste Gleichgewicht, sowohl durch seine gerade Aufrichtung, als auch durch die Vergrößerung seiner Grundfläche; denn durch die senkrechte Richtung der Hüften werden die Lendenwirbel auch gerade gestellt, wodurch die ganze Wirbelsäule, welche doch die Haltung des Leibes bestimmen muß, fester gehalten wird, und zugleich diese senkrechte Stellung der Hüften den ganzen Oberleib so richtet, daß

According to the first law of equilibrium, the line of force of the centre of gravity must fall between the three firm support points of the upper body that create its bearing surface on the saddle. The whole upper body must therefore be positioned in all its various parts so that they all contribute to letting the line of force of the centre of gravity fall within these three points. These three points, the actual firm support of the upper body, cannot assume any change in position with regard to their distance from each other, since the seat bones are the lowest point of the pelvis[4] and the coccyx is an integral part of the pelvic ring. However, with regard to the support provided to the third point by the muscles of the buttocks, the three points can assume a greater circumference. If the legs are turned to lie flat against the saddle and at the same time the pelvis is placed vertically, the seat widens in that the buttocks spread further apart; in this process not just the seatbones[5] alone achieve a closer and therefore more definite position in the saddle, but also the upper body itself gains in equilibrium because its bearing surface is increased. Since the pelvis actually determines the stable bearing surface of the upper body, it is therefore probably the part of the rider's body whose direction determines his whole position and posture; since if one observes the rider on horseback one sees that, as soon as he changes the position of the pelvis, the whole posture of the upper body is altered accordingly and the legs improve or deteriorate in their position. For example, if the rider tilts his pelvis back, he will also pull his stomach in, make his back bent and raise the thighs. If on the other hand, he places the pelvis upright, he must then also hold his back erect over his seatbones and allow the thighs to hang down. If the direction of the pelvis determines the actual posture of the rider, this poses the question: how must the pelvis be positioned?

The study of mechanics proves that the vertical position of an upright body on a horizontal one gives the body the most stable position; since any other position tends towards the horizontal and leads therefore to the upright body falling. The vertical position of the pelvis, if the legs are at the same time turned from the hips to be flat against the saddle, therefore gives the upper body the greatest equilibrium, both through its upright position and the increase in their bearing surface; since through the vertical position of the pelvis the lumbar vertebrae are also placed upright. The entire

---

4   TN: The German translates as "hips" (Hüften), but it is felt that "pelvis" is more accurate in this and the next few paragraphs in this section and in the sections on the position when mounted and the position of the legs.

5   TN: Here the German uses "hips" again, but it is felt that "seatbones" is more accurate in this and the next few paragraphs in this section and in the sections on the position when mounted and the position of the legs.

die Directions-Linie seines Schwerpunktes mitten in die Sitzpuncte, die nun auch eine weitere Unterlage erhalten haben, fällt.

Die senkrechte Stellung der Hüften bestimmt also die ganze Haltung des Reiters, und ist daher Grundregel für den Sitz zu Pferde. Auf diese einfache Grundregel reducirt, kann der Unterricht auch ganz einfach, und um so verständlicher für jedes Individuum werden, also ganz dem verlangten Zwecke entsprechen. Man braucht dem Schüler nur einige Mahle beym Aufsitzen seine Hüften zu richten, um ihm das Gefühl, ob sie gerade stehen oder nicht, beyzubringen, wodurch er schon in den Stand gesetzt wird, sich selbst zu corrigiren. Von dieser aufgestellten Grundregel muß nun alle Unterweisung ausgehen, und sich immer darauf beziehen.

AUFSITZEN

Der Unterricht auf der Reitschule beginnt bey jedem Anfänger mit dem Auf- und Absitzen, und ist zu allgemein bekannt, als daß es hier einer Wiederhohlung bedürfte.

Vor Allem soll aber jeder angehende Reiter in der Sattlung und Zäumung unterrichtet seyn, worin wohl folgende Regeln die vorzüglichsten sind:

Der Sattel muß so gebaut seyn, und dann so aufgelegt werden, daß weder der Widerrist noch der Rückgrath berührt werde, und die Schultern in der Bewegung nicht gehindert sind. Um dieses Letztere zu erzwecken, muß der Sattel immer vier Finger breit hinter die Schultern gelegt werden. Vorzüglich ist zu bemerken, daß bey dem Satteln die Gurten nicht plötzlich, sondern nur allmählig angezogen werden müssen, weil sonst das Pferd entweder zu Widersetzungen oder zum Aufblähen gereizt werden könnte, wodurch dann der Sattel im Reiten wieder zu locker wird.

In Rücksicht des Aufzäumens muß zuerst die Lage der Mundstücke bestimmt werden; diese ist am richtigsten an den Laden, gerade gegenüber von der Kinnkettengrube, d. i. an jenen Puncten der Laden, die in einer Linie mit der Theilung des hintern Kiefers liegen.

Das Hauptgestell muß so aufgelegt werden, daß das Pferd keine Unbequemlichkeit empfinde; der Kehlriemen darf nicht fest geschnallt werden, um das Pferd nicht an der Stellung zu hindern; hingegen muß der Nasenriemen so fest geschnallt werden, daß es nicht das Maul aufsperren, und dadurch der Wirkung der Stange sich entziehen könne. Die Einlegung der Kinnkette wird auf folgende Art am besten gezeigt: zuerst steckt man den ersten Finger der linken Hand hinter das Obertheil des linken Stangenbaumes

spine, and thus the posture of the body, is thereby kept more stable and at the same time this vertical position of the pelvis positions the entire upper body in such way that the line of force of its centre of gravity falls into the centre of the seat bones, which in turn gain further support.

The vertical position of the pelvis therefore determines the whole posture of the rider, and is thus the basic principle for the seat on the horse. Reduced to this simple basic principle instruction can become quite simple and all the more comprehensible to each individual, thus entirely fulfilling the desired purpose. The student's pelvis need only be put in the correct position a few times upon mounting to give him the feeling of whether it is upright or not, by means of which he will soon be capable of correcting himself. All instruction must be based on this established basic principle and constantly refer back to it.

MOUNTING

Instruction for each novice in the riding school begins with mounting and dismounting, and is generally too well known to require repetition here.

Above all however, every novice rider must be instructed in saddling and bridling, in which the following rules are likely to be most beneficial.

The saddle must be constructed and placed on the horse in such a way that neither the withers nor the spine are touched, and the movement of the shoulders is not impeded. To achieve this the saddle must always be placed four fingers' width behind the shoulders. It is also helpful to note that in saddling, the girths must not be tightened suddenly, but only gradually, as otherwise the horse will either be provoked into resistance or blow out, which can lead to the saddle becoming too loose when riding.

With regard to bridling, the position of the mouthpieces must first be determined. These are most correctly placed on the bars directly opposite the curb groove, that is at those points on the bars that lie on a line with the division of the lower jaw.

The headpiece must be attached in such a way that the horse does not experience any discomfort. The throat lash must not be fastened tightly in order not to impede the horse's position. By contrast, the noseband must be fastened tightly enough that the horse cannot open its mouth and thus avoid the effect of the bit. The attachment of the curb chain is best demonstrated as follows: first place the index finger of the left

(dieses muß aber von vorne geschehen), und hält dann mit diesem Finger und dem Daumen den Haken gerade herab; hierauf richtet man mit der rechten Hand, unter dem Kinne des Pferdes weg, das Langglied so, daß es mit dem letzten Gliede flach in der Hand liegt; dann fährt man, indem man alle Glieder flach aneinander dreht, an der Kinnkette bis zu dem Gliede herab, welches eingehängt werden soll; dieses geschieht so: die Fingerspitzen, welche das bestimmte Glied halten, müssen, aufwärts gerichtet, das Glied von oben abwärts in den Haken legen, daß auch dieses Glied mit dem Haken flach an dem Kinne liegt. Hier muß nun gleich die Belehrung folgen, daß eine zu scharf eingelegte Kinnkette entweder die Wirkung der Stange ganz aufhebt oder das Pferd zu den heftigsten Widersetzungen bringen kann, daß aber auch, wenn sie zu locker eingelegt ist, die Stange durchfalle. Über die Wirkung der Zügel überhaupt muß so viel erklärt werden, daß der Anfänger einsehen lerne, wie die Richtung, in welcher der Zügel angezogen wird, auch die Stellung und die Richtung des Pferdes bestimme.

VON DER STELLUNG UND DEM SITZE ZU PFERDE

Dem Schüler werden zuerst die Hüften senkrecht und so auf den Sattel gerichtet, daß das Steißbein auf die Mitte desselben zu stehen kömmt, zugleich muß man ihm diese gegebene Richtung durch sein eigenes Gefühl bestimmen lehren.

Da zur Erweiterung der Unterlage der Sitzbeine die Lage der Schenkel so viel beyträgt; so müssen diese dann auch gleich gerichtet werden. Die Schenkel müssen aus den Hüften gegen das Knie etwas vorwärts und flach an den Sattel gelegt werden; um wie viel dieses geschehen muß und darf, bestimmt schon die senkrechte Stellung der Hüften, denn jede andere Richtung der Schenkel macht entweder die Hüften zurück liegen, oder hebt sie vom Sattel. Das Erstere entsteht durch das zu starke Vorstrecken der Schenkel, das Zweyte durch das zu starke Zurückziehen derselben.

Das flache Anliegen der Schenkel, welches die Muskeln des Gesäßes mehr ausbreitet, darf nur bis zu einem gewissen Grade Statt finden: der Schenkel soll nähmlich nicht so stark umgedreht werden, daß das ganze Knie den Sattel berühre, sondern dasselbe darf nur in so fern an den Sattel kommen, als der Schenkel ohne alle Spannung der Muskeln bleibt.

hand behind the upper section of the Weymouth curb stem (this must however be done from the front). Then with this finger and the thumb hold the hook straight down. With the right hand, reaching underneath the horse's chin, position the long piece in such a way that it lies flat in the hand to the last link. Then all the links are twisted flat against each other on the curb chain to the link which will be hooked on. This is done in the following way: the tips of the fingers, which hold the specific link upwards, must attach the link downwards from above onto the hook, so that this link too lies flat against the chin with the hook. At this point it is important to explain that a curb chain too tightly attached either completely removes the effect of the curb bit, or can provoke the most violent reaction in the horse. However, also if it is set too loosely the bit will fail to act. The effect of the reins must be explained to a sufficient extent that the beginner learns to appreciate how the direction in which the rein is pulled will determine both the position and direction of the horse.

THE POSITION AND SEAT WHEN MOUNTED

The student's pelvis must first of all be placed upright on the saddle in such a way that the coccyx rests on the middle of the saddle; at the same time, the student must be taught to achieve the required position through his own feeling.

As the position of the thighs contributes so much to the widening of the support of the seat bones, the thighs must also be positioned correctly at the same time. The legs must point slightly forward from the hip to the knee, and be laid flat against the saddle; the extent to which this can and must take place is already determined by the upright position of the pelvis, since any other direction of the legs either causes the seatbones to lie back or lifts them from the saddle. The former occurs through stretching the legs too sharply forwards, the latter through pulling them backwards too strongly.

Laying the thighs flat, which widens the muscles of the seat further, may only be done to a certain extent, since the thigh should actually not be so strongly turned that the whole knee touches the saddle; rather, the knee may only come against the saddle to the extent that the thigh remains without any tension in the muscles.

Der erste Unterricht wäre also die senkrechte Richtung der Hüften und gleiche Anlage der Schenkel, so daß das Steißbein in der Mitte des Sattels zu stehen komme. Ober den Hüften muß der Reiter den Rückgrath einziehen, jedoch nur so viel als es die senkrechte Richtung der Hüften erfordert.

Die Brust muß frey herausgehoben, ohne alle Spannung, und die Schultern mit den Blättern rückwärts gleichmäßig herabgesenkt werden, wodurch die schöne Fläche des Rückens bewirkt wird.

Der Kopf muß mit festem aber nicht steifem Halse getragen werden, auch darf der Reiter nicht auf seine Hand oder einen andern Theil seines Körpers herabsehen; das Gefühl muß ihn bey jeder eigenen Correction leiten.

Der Oberarm (von der Schulter bis zum Ellbogen gerechnet) muß so aus der Schulter herabhängen, daß der Ellbogen weder an den Leib angezogen, noch von demselben weggehoben wird. In der Sprache der Reitkunst versteht man, wenn vom Schließen oder Geschlossenseyn, vorzüglich des Ellbogens und der Hand die Rede ist, nur das Entgegengesetzte von Öffnen und Offenseyn.

Der Unterarm (vom Ellbogen bis zur Handwurzel) muß von dem Oberarme ohne Anstrengung getragen werden, so daß die Hand in ungezwungener Haltung gegen die Mitte des Leibes kommt.

STELLUNG DER HAND

Die Hand soll in gerader Linie mit dem Unterarmbeine getragen werden; die Handwurzel oder das Handgelenk darf in der eigentlichen Stellung gar keine Biegung annehmen; der Daumen muß mit der Nagelspitze aufwärts, gerade gestreckt, auf dem Zügel ruhen, ohne der Hand einen Druck zu geben, und die Finger auf einander zu pressen. Die Finger müssen, nur im Mittelknöchel gebogen, die Hand schließen, dieses darf aber nicht zu stark geschehen; die Finger sollen nicht zu weit in die Hand gegen die Wurzel gestreckt, und ja nicht gekrümmt seyn, damit jede Anstrengung der Hand vermieden wird.

Wenn diese Stellung richtig angenommen wird, so kömmt der kleine Finger so weit zurück gegen den Leib, daß die Zügel ohne Anstrengung in der Hand bleiben. Es ist darum so nöthig, daß die Hand erst eine bestimmte Stellung erhält, wo das Handgelenk gar nicht gebogen ist, weil jede Richtung,

The first lesson would therefore be the vertical position of the pelvis and equal aspect of the thighs, so that the coccyx rests in the middle of the saddle. Above the pelvis the rider must pull in the spine, but only to the extent that it promotes the upright position of the pelvis.

The chest must be raised freely without tension and the shoulders must be lowered evenly with the shoulder blades back, so that the back is nice and flat.

The head must be carried with a firm, but not stiff, neck and the rider must not look down at his hand or any other part of his body; feeling alone must guide him in his self-corrections.

The upper arm (from the shoulder to the elbow) must hang down from the shoulder in such a way that the elbow is neither held close to the body, nor lifted away from it. In the language of equitation, it is understood that when closing or being closed is referred to, it is chiefly referring to the elbow and hand, and that this is merely the opposite of opening and being open.

The lower arm (from the elbow to the wrist) must be carried effortlessly by the upper arm, so that the hand comes against the middle of the body in an unforced position.

POSITION OF THE HAND[6]

The hand should be carried so that it forms a straight line with the lower arm bone. The position of the wrist may not be bent. The thumb must be stretched straight with the nail tip upwards, resting on the rein, without pressing on the hand, and without pressing the fingers on each other. The fingers must only bend at the middle knuckle and close the hand, but not too strongly. The fingers must not be stretched too far in the hand against the wrist and, of course, not be crooked, so that any tension in the hand is avoided.

If this position is assumed correctly, the little finger comes so far back towards the body that the reins remain in the hand without tension. This is necessary so that the hand can maintain a certain position,

---

6   TN: The author is referring to holding the reins with the left hand only, in the military style of the time.

jede Wendung des Pferdes durch die Bewegung und Richtung der Hand bestimmt werden soll, und es hier so sehr auf das Verhältniß der Bewegung, der Biegung der Hand ankommt, welches nicht richtig angegeben werden kann, wenn man nicht eine bestimmte Stellung hat, in welcher die Bewegung anfängt und aufhört.

ANLAGE DER SCHENKEL

Die Schenkel müssen flach am Sattel liegen, und die Unterschenkel senkrecht aus dem Knie ohne alle Steife herabhängen; der Fuß muß gerade im Knöchel gehalten werden, so daß die Sohle mit ihrer ganzen Fläche den Steg des Bügels berühre; die Ferse soll herunter gelassen werden, um die Muskeln des Oberschenkels mehr auszustrecken, aber nur in dem Maße, daß dadurch weder die Wade noch der Fuß im Knöchel gespannt werde; denn von der Beweglichkeit des Fußes im Knöchel hängt nicht allein das Behalten der Bügel ab, sondern auch das Zurücksinken der Schenkel in ihre vorige Lage nach einer hebenden Bewegung des Pferdes.

Die Richtung des Fußes wird durch die Haltung des Knies bestimmt; überhaupt muß der Fuß so gehalten werden, daß die flache Wade immer gegen das Pferd gerichtet ist. — Je mehr Fläche der ganze Schenkel hat, desto mehr berührt er den Sattel, und desto fester ist dann der Schluß des Reiters.

Wenn der Reiter in Gelegenheit kommt, den festesten Schluß nehmen zu müssen, so kann dieses nur mit den flachen Schenkeln und Waden am besten geschehen; jede andere Anschließung hebt den Schenkel, entfernt ihn vom Sattel, macht ihn hart, und die Bewegung des Pferdes erschüttert ihn um so mehr.

Das Pferd kann man in dieser Hinsicht als einen ovalen Körper betrachten, um welchen die Schenkel des Reiters liegen. Soll der Stoß des Pferdes gegen den Reiter die Umschließung nicht zerstören, so muß diese unter die Mitte des Ovalen kommen. Daher soll der Reiter seine Unterschenkel immer nahe am Pferde herabhängen lassen, um gleich den festesten Schluß nehmen, und jede Schenkelhülfe schneller geben zu können.

Die ganze Stellung des Reiters ist also in Kurzem folgende:

»Senkrechte Richtung der Hüften mit flach angelegten Schenkeln, so daß das Gesäß einen weiteren Platz auf dem Sattel einnimmt, und das Steißbein auf die Mitte desselben zu stehen kömmt, der Unterschenkel aber ganz gerade aus dem Knie herabhängen könne.«

where the wrist is not bent, as every direction or turn of the horse must be determined by the movement and direction of the hand, and this is so dependent on the relationship of the movement, or of the tilt of the hand. This cannot be done correctly if the rider does not have the correct position, in which the movement begins and ends.

POSITION OF THE LEGS

The thighs must lie flat against the saddle and the lower leg must hang vertically from the knee without any stiffness. The foot must be held straight at the ankle so that the sole touches the tread of the stirrup with the whole of its underside. The heel should be allowed to fall so that the muscles of the thigh are stretched more, but only to the extent that neither the calf, nor the foot at the ankle is tense. After all it is the flexibility of the foot at the ankle that not only enables the foot to remain in the stirrups, but also allows the legs to return to their previous position after a lifting motion by the horse.

The direction of the foot is determined by the position of the knee; above all, the foot must be held in such a way that the flat calf always lies against the horse. The greater the flat surface of the leg, the more it lies against the saddle and the firmer the grip of the rider.

If the rider needs to grip very firmly, this can only be done well with flat thighs and calves. Any other grip will lift the thigh away from the saddle, make it hard, and the movement of the horse will shake the rider all the more.

The horse can be seen in this regard as an oval body around which the legs of the rider lie. If the horse's movement against the rider is not to destroy the rider's encircling hold, the rider's hold must come under the middle of the oval. For this reason, the rider must always let his lower leg hang down close to the horse, so as to be able to hold as quickly and as firmly as possible and to be able to give any leg aids more quickly.

The overall position of the rider can be summarised as follows:

➢ Vertical position of the pelvis with thighs flat, so that the seat is given a broader base on the saddle, and the coccyx rests on the middle of the saddle, but the lower leg can hang perfectly straight from the knee;

»Natürliche Einziehung des Rückgraths ober den Hüften, so viel es nöthig ist, um dieselben ohne alle Anspannung des Unterleibs senkrecht zu stellen.«

»Freye Senkung beyder Schultern, die Blätter rückwärts gegen einander gerichtet, dabey darf aber weder die Brust gespannt, noch eine der Seiten eingezogen werden.«

»Aufrechthaltung des Kopfes mit Erhebung des Kinnes, ohne ihn auf irgend eine Seite hinzuneigen. Der Oberarm muß aus der Schulter am Leibe herabhängen, weder angedrückt noch weggehoben; der Unterarm von dem Oberarme ohne alle Anspannung leicht und mit dem Ellbogen in horizontaler Linie getragen werden.«

»Die Hand muß in gerader Linie mit dem Arme gehalten werden, das Handgelenk weder eingebogen noch heraus gebogen seyn; der Daumen soll, mit dem Armbeine in gleicher Richtung, mit aufgehobener Nagelspitze auf dem Zügel ruhen; die Finger dürfen nur, im Mittelgelenke gebogen, die Hand schließen.«

Diese Stellung hat nun der Reiter zu beobachten, und dieß wird ihm um so leichter werden, je ungezwungener er seine Haltung sucht. Um den Schüler hierin am schnellsten zu bilden, ist es am vortheilhaftesten, ihn zuerst ohne Bügel an der Corde reiten zu lassen, weil diese ohne Mitwirkung des Reiters das Pferd führen kann, und der Schüler um so leichter zu einer sichern Haltung gelangen wird, je mehr er seine besondere Aufmerksamkeit auf die Richtung der Hüften und Anlage der Schenkel verwenden kann, welches man im Anfange hauptsächlich von ihm verlangen muß.

Der Lehrer mache es sich zur strengen Regel, nie mit dem Schüler zu einer weitern Lection vorzuschreiten, ehe derselbe nicht die vorhergehende vollkommen auszuüben im Stande ist.

Der Schüler wird auch, wenn er vorher noch gar keine Übung im Reiten gehabt hat, den richtigen hier vorgeschriebenen Sitz zu Pferde bald erhalten; schwerer wird jener Reiter ihn annehmen, der schon an einen unrichtigen fehlerhaften Sitz gewöhnt war.

Um diesen zu verbessern, muß man oft, um schneller zum Ziele zu gelangen, zuerst Abweichungen von den aufgestellten Regeln machen; z. B. dem Reiter, der gewohnt war, mit zurückgelehnten Hüften und aufgezogenen Beinen zu reiten, muß man die Schenkel mehr als vorgeschrieben ist, mit dem Knie zurücknehmen lassen. Die üblen Gewohnheiten im ganzen Sitze, kann man füglich in zwey eintheilen, und sie bestehen Meistens in der Abweichung von der geraden Richtung der Hüften.

Erstens, wenn, wie schon gesagt, der Reiter die Hüfte zu viel zurück lehnt, wo er dann den Rücken krümmt, den Leib ein - und die Knie heraufzieht.

➢ Natural drawing up of the spine over the pelvis, as far as necessary to place the pelvis vertically without tensing the lower body;

➢ Free lowering of both shoulders, with the shoulder blades back and pointing at each other, while the chest should not be tensed, or one of the sides drawn in;

➢ The head should be held upright with the chin lifted, without tilting to either side. The upper arm must hang down from the shoulder alongside the body, neither pressed in, nor held away; the lower arm should be held lightly by the upper arm without tension and in a horizontal line from the elbow;

➢ The hand must be held in a straight line with the arm, with the wrist bent neither inwards nor outwards; the thumb should point in the same direction as the arm bone with the nail tip facing upwards and resting on the rein; the fingers may only close the hand by bending at the middle knuckle.

This position must be observed by the rider and this will come more easily to him, the more relaxed his posture. To train the student in this as quickly as possible, it is most beneficial to let him ride on the lunge without stirrups, because the horse can be guided without any action by the rider and the student will reach a secure position more easily the more attention he can pay to the position of the pelvis and legs, which are the main thing to be asked of him at the beginning.

The teacher should make it a strict rule never to move on with the student to a new exercise until he is fully accomplished in the previous one.

Also, if the student has never ridden before, he will soon achieve the correct riding seat as described here. It will be harder for a rider to learn if he has already become used to an incorrect seat.

To improve the latter and to achieve the objective more quickly deviations from the established rules must frequently be made at first; for example, the rider who has been used to riding with a backwards sloping pelvis and raised legs must have his legs taken backwards at the knee more than is prescribed. Bad habits in the overall seat can be conveniently divided in two as follows, and they mostly consist of deviating from an upright pelvis position.

The first is, if, as described above, the rider tilts his pelvis too far backwards, so that his back is bent, his stomach is pulled in, and his knees are raised.

Zweitens, wenn er die Hüfte zu weit vorgerichtet hat, und die Schenkel zu gerade herunter streckt, so daß die Hüfte den Sattel fast nicht mehr berühren, und er also ganz auf den Schenkeln reitet.

Im ersten Falle läßt man im Anfange mit dem besten Erfolge die Hüfte mehr und mehr vorrichten; ist das Aufziehen der Knie zu sehr zur Gewohnheit geworden, so kann man auch diese, weiter als vorgeschrieben ist, zurück legen, und erst nach und nach in die gehörige Lage kommen lassen. Im zweyten Falle läßt man den Reiter zuerst sich zurücklegen, bis seine Schenkel nicht mehr vorgekommen sind, dann fängt man an, ihm die gehörige Richtung zu geben.

Im Allgemeinen ist hier zu bemerken, daß der Schüler desto leichter und schneller gebildet wird, je besser das Pferd, worauf er den ersten Unterricht erhält, dressirt ist. Der Lehrer (Abrichter) soll daher im Anfange dem Schüler nie ein schwer zu reitendes Pferd geben, sondern dieses nur nach dem Verhältnisse seiner bessern Haltung thun. So nützlich es z. B. dem geübteren Reiter zur Erlangung eines bessern Gleichgewichts ist, ein Pferd mit stark hebendem Trabe zu reiten, so würde dieses den Ungeübteren in seinen Fortschritten sehr zurückhalten, weil es ihn in Unordnung bringen würde.

Eben so wird das Pferd, welches seine Gänge richtig geht, dem Anfänger nicht allein seine gute Haltung erleichtern, sondern derselbe lernt auch dadurch gleich die richtigen Gänge kennen. Das erste Gefühl des Reiters, obschon er es hier noch nicht genau unterscheiden kann, ist doch das bleibendste, und die ersten Eindrücke sind auch hier, wie bey jedem Gefühle, die dauerndsten.

Wenn der Anfänger zuerst auf dem Zirkel an der Corde oder Longe reitet, so macht er schon eine Wendung, indem das Pferd immer sich runden muß, und es ist daher nöthig, besonders wenn er wechseln soll, daß ihm die Vorrichtung, die er mit Hand und Schenkel zu beobachten hat, gleich bekannt gemacht und deutlich gezeigt werde. Da diese Wendungen, die hier auf dem Zirkel vorkommen, ganz verschieden von denjenigen auf der Stelle sind, so muß auch die Verrichtung des Reiters verschieden seyn, und es ist daher zu bemerken, daß die Hülfe der Schenkel immer zur Wendung hauptsächlich auswendig wirken, und der Reiter beym Anlegen derselben die Richtung des Oberleibes immer auf der inwendigen Seite nehmen muß, daher mit dem Oberleibe nie dem angelegten Schenkel folgen darf.

The second is, if the pelvis is tilted too far forwards and the thighs are stretched down too straight, so that the seatbones almost no longer touch the saddle and the rider is sitting on the legs alone.

In the first case, in the beginning it is best to tilt the pelvis increasingly further forward. If raising the knee has become too much of a habit, it can be placed back further than is prescribed, and only gradually allowed to come into the proper position. In the second case, the rider should be allowed to lean back until he is no longer sitting on his legs and then it is possible to begin to give him the correct position.

In general it is worth pointing out that the student will be trained more easily and quickly, the better the horse is trained on which he receives his first instruction. Therefore, at the beginning the teacher (trainer) must never give the student a horse that is difficult to ride, but only do so according to the improvement in his position. So, for example, while it is useful to help the more accomplished rider to achieve better balance if he rides a horse with a strongly lifting trot, this would hold the less experienced rider back severely from making progress, because it would throw him into disorder.

Similarly horses that have good gaits not only make it easier for the student to have the correct position, but the student will also learn to recognise the correct gaits immediately. The first feeling of the rider, even if he cannot yet discern it precisely, is the most enduring, and the first impressions are also in this respect, as with every feeling, the most lasting.

When the beginner first rides in a circle on the line or lunge, he is already making a turn, as the horse must constantly bend round itself and it is therefore necessary, especially when he has to change direction, that he is shown the movement he must observe with the hand and leg straight away and in a clear fashion. As these turns, which occur here on the circle, are completely different from those which are done on one spot, the execution by the rider must therefore also be different; and thus it should be noted that the leg aid is mainly used on the outside for turning and the rider, as he applies his leg, must always turn the upper body to the inside, and thus the upper body may never follow the applied leg.

Diese Hülfen nun und die der Hand müssen dem Lehrer aus der Natur der Bewegung des Pferdes sich erklären. Die Wendungen, die im Fortschreiten des Pferdes vorkommen, sind es, die hier zu untersuchen bleiben.

Die Erklärung des Fortschreitens selbst, gibt die richtigste Ansicht von dem Verfahren des Reiters bey dem Wenden des Pferdes. Ich setze hier den Gang des Pferdes nur so viel in dieser Hinsicht nöthig ist, auseinander.

Betrachtet man das im Schritte gehende Pferd, so zeigt sich, daß die vier Beine in diagonaler Richtung, eines nach dem andern bewegt werden. Wenn das vordere rechte Bein gehoben und vorgesetzt wird, wird zugleich das linke Hinterbein gehoben, und indem dieses vortritt, hebt sich das vordere linke Bein, bey dessen Vortreten das rechte Hinterbein erhoben wird.

Das Pferd vertheilt seine Schwere immer auf die den Boden berührenden Beine, und erleichtert jene ganz, welche in der Luft sind. Wenn das Pferd auf der geraden Linie im richtigen Schritt geht, so ist seine Schwere gleichmäßig vertheilt; kein Bein darf mehr als das andere tragen, keines bleibt eine längere Zeit auf dem Boden als das andere. Sobald aber das Pferd die gerade Linie verläßt, wird diese Gleichmäßigkeit gestört; geht es z. B. rechts von der geraden Linie in einen Kreis über, so tritt nicht mehr jedes Bein gleich weit vor, sondern die linken Beine treten weiter vor als die rechten, welche längere Zeit auf dem Boden bleiben, und daher auch die Schwere des Pferdes länger tragen, auf dieselbe Art wie der Mensch, wenn er sich im Kreise herumdreht, wo er dann immer das inwendige Bein länger und mehr belastet, und das auswendige weiter vorsetzt.

Das Pferd belastet also, wenn es sich wendet, seine inwendigen Beine mehr, und tritt mit den auswendigen weiter vor. Durch das mehr oder weniger Vortreten der auswendigen Beine wird die Wendung bestimmt, ob sie weiter oder enger wird. Es läßt sich hieraus schon folgern, wie der Reiter sich zu benehmen hat, um das Pferd nach seinem Willen zu wenden. Je weniger er der natürlichen Bewegung und Stellung des Pferdes entgegenhandelt, und je mehr er diese befördert, desto leichter wird er es wenden. Alle Hülfen des Reiters müssen also die Bewegung und Stellung, die das Pferd der Natur gemäß beym Wenden annimmt, bezwecken.

Das Pferd hält bey der Wendung seine inwendigen Beine mehr zurück, und tritt mit den auswendigen mehr vor; es beschwert die inwendigen mehr, und erleichtert die auswendigen, es rückt auch seine inwendigen Beine mehr zusammen, und gibt der auswendigen Schulter mehr Freyheit. Dasselbe hat daher auch der Reiter zu bewirken; er muß, um das Pferd zu wenden, dessen inwendige Beine mehr zurück halten, den auswendigen mehr Freyheit und

These aids along with those of the hand must be observed by the teacher from the nature of the horse's movement. It is the turns that occur as the horse moves onward in walk that are to be examined here.

The explanation of the walk itself gives the most correct approach to the procedure of the rider in turning the horse. I will examine the horse's movement here only to the extent required.

If one observes the horse in walk, one can see that the four legs are moved one after the other in diagonal pairs. When the right foreleg is raised and set down in front the left hind leg is lifted at the same time, and while this steps forward, the left foreleg is raised and when it is set down in front, the right hind leg is lifted.

The horse always distributes its weight on the legs that are touching the ground and completely lightens those which are in the air. When the horse goes in a straight line at a correct walk, its weight is evenly distributed; no leg may bear more weight than any other and none remains longer on the ground than another. However, as soon as the horse leaves the straight line, this evenness is disturbed; so if it goes, for example, from a straight line onto a circle to the right, each leg no longer steps forward the same distance; instead the left legs step further forward than the right legs, which stay on the ground longer and so they bear the horse's weight for longer, just as a human being, when he turns in a circle bears more weight for a longer time on the inner leg and the outside leg steps further forwards.

When it turns, the horse therefore puts its weight more on its inside legs and steps further forward with the outside legs. The tightness of the turn is determined by the extent to which the outside legs step forward. This leads to the conclusion of how the rider has to behave in order to turn the horse at his will. The less the rider counteracts the natural movement and position of the horse and the more he helps them, the more easily he will turn it. All aids of the rider must therefore promote the movement and position that the horse adopts naturally in turning.

In turning, the horse holds its inside legs back more and steps further forward with the outside ones; it places more weight on the inside legs and lightens the outside ones; it also compresses the inside legs more and allows the outside shoulder more freedom. The rider should therefore promote the same action; in order to turn the horse, he must hold its inside legs back more, and give the outside ones more freedom and

den Antrieb zum weitern Vorschreiten geben. Um durch den Anfänger dieses richtig bewirken zu lassen, muß derselbe erst die Führung auf gerader Linie kennen lernen, und hierbey muß ihm zuerst die Richtung seiner Hand und das Wirken seiner Schenkel gezeigt werden. In jener Haltung seines ganzen Leibes, und mit jener Stellung der Hand, die oben bereits auseinander gesetzt sind, muß der Reiter im Schritt beginnen. Um das Pferd, das auf allen vier Beinen gerade steht, im Schritt vorzutreiben, drückt er beyde Schenkel in der nämlichen Richtung, die sie erhalten haben, fester an das Pferd, und vermehrt den Druck der Schenkel nach und nach, aber ja nicht plötzlich, bis das Pferd vorschreitet. Zugleich gibt er den kleinen Finger der linken Hand etwas vor, wodurch die Zügel, die beyde gleich gehalten werden, etwas nachgeben; seine ganze Stellung aber muß dieselbe bleiben, und er hat hauptsächlich darauf zu achten, daß, bevor er noch das Pferd zum Gehorsam antreibt, seine Hüften richtig gestellt sind, damit er weder vor- noch zurückfalle, wenn das Pferd angehet. Dieses muß er stets bedenken, sowohl beym Anfange einer Bewegung, als auch bey der Verstärkung derselben.

So lange das Pferd gerade gehet, behält der Reiter die Zügel in gleicher Richtung, d. h. er läßt einen Zügel nicht mehr wie den andern wirken, beyde sind gleich stark angezogen. Wenn er den Gang des Pferdes verkürzen will, so hält er beyde Zügel mehr an, indem der kleine Finger der Hand gerade gegen die Mitte des Leibes zurückgeführt wird; er hält also mit gleichen Zügeln das Pferd in seinem Gange zurück, und verhindert dadurch das weitere Vorschreiten der hintern Beine. Auch wenn er das Pferd ganz anhalten, oder aus dem Gange zum Stillstehen bringen will, hält er mit gleichen Zügeln beyde Hinterbeine zurück. Es wirken also die gleich angezogenen Zügel auf beyde Hinterbeine gleichmäßig, so wie der einzelne Zügel auf das einzelne Hinterbein.

Wenn nämlich der rechte Zügel so angezogen wird, daß die Gegenwirkung des linken Zügels das Biegen des Pferdes verhindert, so hält dieser einzelne rechte Zügel das rechte Hinterbein zurück, gleichwie der einzelne linke Zügel, wenn er angezogen wird, mit Gegenwirkung des rechten Zügels das einzelne linke Hinterbein zurück hält. Es wirkt also derselbe einzelne Zügel auf dasselbe einzelne Hinterbein.

Wenn der Reiter sein Pferd von der geraden Linie wegführen, wenn er es wenden will, so muß er das bewirken, was das Pferd in seiner natürlichen Stellung selbst thut; er muß daher die inwendige Seite des Pferdes zusammen rücken, das inwendige Hinterbein desselben zurückhalten, dem auswendigen aber mehr Freyheit geben, und es zum weiteren Vorschreiten antreiben, je nachdem er die Wendung weiter oder enger machen will.

the impulse to step further forward. In order to help the beginner to achieve this correctly, he must initially learn on a straight line and must first be shown the position of his hand and how to use his legs.

The rider must begin in walk with his entire body and his hand in the respective positions described above. In order to drive the horse forward in walk from standing still on all four legs the rider presses both legs, without changing their position, more firmly against the horse and increases the pressure of the legs gradually, but of course not suddenly, until the horse moves forward. At the same time, he moves the little finger of the left hand slightly forward, so that the reins, which must be held equally, yield slightly. However, his overall position must remain unchanged and he must mainly pay attention, before he asks the horse for further submission, that his pelvis is correctly positioned, so that he neither falls forward or back when the horse moves. He must constantly be aware of this, both at the beginning of a movement and as it progresses.

As long as the horse goes straight the rider holds the reins in the same direction; that is, he lets one rein act no more than the other, and both are equally tensioned. When he wishes to shorten the horse's stride, he holds the reins more firmly by pulling the little finger of the left hand straight back towards the middle of the body; thus he restrains the horse with even reins and thereby prevents the hind legs from continuing to move forward. Also when he wishes to halt the horse completely, or bring it to a standstill from the walk, he holds both hind legs back with even reins. The evenly tensioned reins act on both hind legs equally just as a single rein acts on a single hind leg.

Specifically, when the right rein is tensioned in this way, so that the counteraction of the left rein prevents the bending of the horse, this single right rein restrains the right hind leg, just as the single left rein, when tensioned with the counteraction of the right rein restrains the left hind leg. Each rein acts on the hind leg on its respective side.

When the rider wishes to turn his horse away from the straight line, he must cause what the horse does on its own naturally; he must therefore contract the inside of the horse, restrain the inside leg of the horse, but give more freedom to the outside leg and ask it to move forward more, according to how large or small he wishes to make the turn.

Da der einzelne Zügel auf dasselbe einzelne Hinterbein wirkt, und der Reiter hier das einzelne Hinterbein des Pferdes zurückhalten muß, so muß er wohl nothwendig den inwendigen Zügel anziehen, und da das auswendige Hinterbein mehr Freyheit haben muß, so muß auch der auswendige Zügel mehr nachgeben, je nachdem er die Wendung weiter oder enger machen will.

Es bestimmt nämlich der auswendige Zügel die Wendung, der inwendige aber bewirkt dieselbe.

FÜHRUNG DER HAND

Der Reiter hat beyde Stangenzügel in der linken Hand getheilt; um nun die Wendung erstens rechts zu machen, muß er seine Hand mit den Fingern aufwärts, und mit dem kleinen Finger gegen die linke Hüfte, das Handgelenk herausgedreht, nicht plötzlich, sondern nach und nach führen; zu gleicher Zeit muß er, da die inwendigen Beine des Pferdes bey der Wendung mehr belastet werden müssen, seine Schwere mehr auf die inwendige Seite geben, indem er seinen inwendigen Schenkel nach seiner ganzen eigenen Schwere mehr herunter senkt, und seine ganze inwendige Seite, Schulter und Hüfte in so weit zurück richtet, als die Wendung weiter oder enger wird; in eben demselben Verhältnisse muß er mit dem auswendigen Schenkel das auswendige Hinterbein des Pferdes antreiben.

Das Pferd, so wie es auf den Anzug jedes einzelnen Zügels das einzelne Hinterbein zurückhält, bewegt auch auf den Druck des einzelnen Schenkels dasselbe einzelne Hinterbein vorwärts.

Schon der Reitz, den der Druck des Schenkels auf die Bauchmuskeln des Pferdes macht, kann das Vorsetzen des Hinterbeines verursachen.

Die Wendung links wird auf dieselbe Art ausgeführt, nur daß dabey die Hand gegen die linke Hüfte geführt wird, so daß der kleine Finger zurück gegen die Hüfte, und der Daumen vorwärts gerichtet, der Ellbogen aber in dem Maße zurück gezogen wird, als der Reiter seine linke Seite zurück richtet; er muß aber auch von der halben Hand die Oberfläche zu Gesichte bekommen. Mit dem auswendigen Schenkel hat er dasselbe zu bewirken, wie bey der Wendung rechts.

Die Drehung der Hand muß immer bey jeder Wendung gegen die inwendige Hüfte gerichtet seyn, mit dem kleinen Finger nämlich, weil unter diesem die Zügel stehen. Der auswendige Schenkel muß angedrückt, und die inwendige Seite immer zurückgeführt werden; vor jeder Wendung aber muß der

Since the individual rein acts on the leg on the same side, and the rider must restrain the individual hind leg of the horse, he must necessarily tension the inner rein and as the outside hind leg must have more freedom, the outside rein must yield more or less, according to how large or small he wishes to make the turn.

The outside rein therefore controls the turn; however it is the inside rein that causes it.

USING THE HAND

The rider holds both curb reins separated in the left hand; to make a turn to the right he must move his hand with the fingers facing upwards and with the little finger towards the left hip and turn the wrist outwards, not suddenly, but gradually; at the same time as the inside leg of the horse takes more weight in the turn, he must put more weight on the inside, by lowering his inside leg further with all his own weight, and directing his entire inner side, shoulder and hip more or less back so that the turn is made narrower or wider; meanwhile he must push the outside leg of the horse with his outside leg.

The horse, as it holds back one hind leg according to the pressure of one rein, moves the other hind leg forward in response to the pressure of the leg on the same side.

Just the stimulus of the leg on the abdominal muscles of the horse can cause the hind leg to move forward.

The turn to the left is carried out in the same manner, only the hand is moved toward the left hip, so that the little finger is directed back towards the hip and the thumb points forwards, the elbow is drawn back to the extent that the rider turns his left side backwards; he must however also be able to see half the surface of the hand. The outside leg must do the same as in the turn to the right.

The turning of the hand must always be directed towards the inside hip in each change of direction and in particular with the little finger, as the reins lie underneath it. The outside leg must be pressed against the horse and the inside body must be moved backwards. Before each turn however,

Reiter sein Pferd mehr versammeln, d. i. zusammen nehmen, indem er den kleinen Finger mit gerader Hand und nur mit herausgebogenem Handgelenke gegen die Mitte des Leibes zurückführt, und zu gleicher Zeit mit beyden Schenkeln das Pferd antreibt, damit es seine Hinterbeine mehr untersetzt; denn je mehr das Pferd seine Hinterbeine unter sich hat, desto besser kann es die Wendung ausführen, weil es seine Schwere dann auch besser auf das einzelne Hinterbein richten kann.

VON DEM SCHRITTE

Der Schritt, als die erste und natürlichste Bewegung des Pferdes, unterscheidet sich von den andern Gangarten durch die eigene Folge der vier Füße aufeinander, d. i. durch seine Momente. Er hat nähmlich vier Momente, wo jeder einzelne Fuß gehört wird.

Das Pferd erhebt beym Schritt zuerst den einen Vorderfuß (von diesem Vorderfuß erhält immer die Gangart ihre Bestimmung; wenn der rechte Vorderfuß zuerst sich erhebt, so geht das Pferd rechts aus, erhebt sich zuerst der linke, so geht es links aus), setzt ihn vor seinem Nachbar nieder, indem sich das in der Diagonale stehende Hinterbein erhebt, und während dieses voraus unter dem Leib des Pferdes niedergesetzt wird, erhebt sich das andere Vorderbein, das nun wieder vor dem ersten Vorderbeine niedergesetzt wird, indem sein diagonales Hinterbein sich erhebt, bey dessen Niedersetzen das erste Vorderbein wieder erhoben wird, womit der erste Moment wieder beginnt.

So hat der Schritt vier Momente, oder vier bestimmte Zeitpausen, in welchen die vier Füße diagonal auf einander folgen. Diese Folge auf einander, in wie fern sie schneller oder langsamer, d. h. in wie fern die Zeitpause, in welcher der eine Fuß auf den andern folgt, kürzer oder länger ist, bestimmt das Tempo des Ganges. Dieses Tempo muß nun bey dem guten Schritt gleich seyn, d. h. ein Bein darf nie schneller oder langsamer auf das andere folgen, als die beyden übrigen. Das Tempo muß nicht übereilt, also nicht zu schnell, auch nicht zu langsam seyn.

Um dieses zu erzwecken, wird der Schüler angewiesen, sein Pferd immer mit gleichem Anzug der Zügel beysammen zu halten, indem er oft seine Hand in der geraden Stellung, wo sie ist, mit herausgebogenem Handgelenke gegen die Mitte des Leibes so zurücknimmt, daß der kleine Finger mehr gegen den Leib gerichtet ist, doch ohne den Daumen herunter zu lassen und mit dem Ellbogen vorzugehen; denn nur die Hand darf hier in ihrer

the rider must collect his horse more, that is gather it together by drawing the little finger, with a straight hand and merely with the wrist bent outwards, back towards the middle of the body, and at the same time, drive the horse forward with both legs, so that it places its hind legs more underneath itself, as the more the horse has its hind legs under it, the better it can carry out the turn, because it can direct its weight better onto the individual hind leg.

THE WALK

The walk, as the first and most natural movement of the horse, differs from the other gaits in the sequence of the four feet, that is through its beats. It has four beats, in which each footfall can be heard.

At walk, the horse lifts first one forefoot (the gait is always determined by this forefoot; if the right foot is lifted first, the horse goes to the right, if the left foot is raised first, the horse goes to the left) and places it down ahead of its neighbour, while the diagonally opposed hind leg is lifted and while this is being set down underneath the horse's body, the other foreleg is lifted and placed again ahead of the first foreleg; meanwhile the diagonally opposed hind leg is lifted and, as it is set down, the first foreleg is lifted again and the first step begins again.

And so the walk has four beats or four definite intervals in which the four feet follow each other diagonally. This sequence, to the extent to which it is faster or slower, that is the extent to which the interval in which one foot follows the other is shorter or longer, determines the tempo of the gait. Accordingly, this tempo must be equal for a good walk, that is one leg must never follow another more quickly or more slowly than the others. The tempo must not be hurried, and thus too fast, but also not too slow.

In order to achieve this, the student should be instructed constantly to hold his horse together with evenly pressured reins, whereby he frequently makes a movement of his hand, held in the upright position with the wrist bent outwards, back towards the centre of the body, so that the little finger is directed more towards the body, albeit without allowing the thumb to be lowered and the elbow to move forwards; since only the hand may be moved here at the wrist. At the same time he must close both legs in the position in which they are resting on the horse and encourage it if it goes too slowly; if on the other hand it wants to hurry, the student need only

Gelenke bewegt werden. Zugleich muß er beyde Schenkel in der Richtung, die sie erhalten haben, an das Pferd heranziehen, und es ermuntern, wenn es zu langsam geht; will es sich aber übereilen, so darf er nur mit der Hand die angegebene Bewegung machen. Der Anzug der Zügel darf jedoch nur nach und nach verstärkt werden, und nie plötzlich: eben so auch das Nachlassen derselben, wo die Hand wieder in ihre Stellung zurückgeht.

Wenn das Pferd, welches zu langsam geht, zu gleicher Zeit seine Stellung verliert, und sich mehr auf die Zügel legt, so muß der kleine Finger bey der angegebenen Bewegung der Hand mehr gegen die Brust des Reiters gehoben werden, indem derselbe den Ellbogen, ohne die Schulter aufzuziehen, verhältnißmäßig mehr biegt, wodurch das Pferd aufgerichtet wird, wenn zu gleicher Zeit auch die Hülfen der Schenkel angewendet werden. Dieser Anzug darf aber, wie jeder andere, nicht immer fortdauern, sondern es muß wieder nachgelassen werden, sobald das Pferd mit dem Hintertheile vortritt.

Hauptsächlich hat nun also der Abrichter darauf zu sehen, daß der Schüler einen richtigen Schritt reite. Da es aber gleich im Anfange nicht von ihm zu verlangen ist, daß er dieses allein bewirke, so muß ihn der Lehrer aus den schon erwähnten Gründen nicht allein ein gut dressirtes Pferd reiten lassen, sondern ihn auch mit der Corde unterstützen; doch darf man den Schüler nicht zu lange auf dem Zirkel reiten lassen, sondern man muß diesen häufig mit dem Viereck wechseln. Der Anfänger nimmt so leicht den Fehler an, seine Haltung immer nur aus der inwendigen Seite zu suchen, wenn er lange auf dem Zirkel reitet; das Pferd hebt auf dem Zirkel den Reiter immer mehr hinaus, indem seine inwendigen Beine kürzer treten müssen, daher muß auch derselbe ja nicht enge, sondern weit genommen werden.

So lange der Anfänger in seiner Haltung noch nicht Fertigkeit genug hat, muß der Lehrer nur die hauptsächlichen Fehler gegen die richtige Stellung corrigiren, doch nicht durch immerwährendes Anschreien den Schüler verwirren; er muß ihm im Gegentheil Zeit lassen, sein Gleichgewicht zu suchen und seine Haltung durch eigenes Gefühl zu verbessern. Daher ist es so wichtig, daß der Lehrer den Schüler oft stille halten lasse, seine Stellung in Ordnung richte, und diese Correction genau ihm fühlbar mache, indem er ihm die richtige Stellung mit der vorher gehabten unrichtigen vergleichen läßt. Dadurch wird der Schüler nach und nach dahin gebracht, daß er durch eigenes Gefühl sich selbst corrigiren lernt.

Von eben so großer Wichtigkeit ist es, daß der Lehrer bey der Correction solche Ausdrücke wähle, die dem Schüler das Verlangte nicht nur verständlich,

make the indicated hand movement. Pressure on the reins may, however, only be increased gradually and never suddenly; the same applies to yielding of the reins when the hand returns to its position.

If the horse is going too slowly, loses its outline at the same time, and leans more on the reins, the little finger must be lifted more towards the rider's chest during the hand movement described while the rider bends the elbow more without raising the shoulders, by which the horse will be lifted up, if the leg aids are applied at the same time. This lifting movement, like all others must however not last a long time, but must be relaxed again as soon as the horse steps forwards with his hindquarters.

The trainer must mainly pay attention that the student rides a correct walk. As he cannot be expected to achieve this by himself at the very beginning, however, the teacher, for the above-mentioned reasons, must not only let him ride a well-trained horse, but also support him with the lunge line. However, one must not let the student ride too long on a circle, but frequently change him onto the rectangle. The beginner so easily makes the mistake of constantly seeking to sit only to the inside if he rides on the circle for a long time; the horse constantly moves the rider outwards, as his inside legs must take shorter steps; and so the circle must not be made small but large accordingly.

Until the beginner is sufficiently confirmed in his position, the teacher must only correct the main faults in the position, and not confuse the student with constant shouting; he must, on the contrary, allow him time to seek his balance and improve his posture through his own feeling. That is why it is so important that the teacher allow the student to come to a halt, adjust his position, and make him feel this change precisely, by allowing him to compare the correct position with the previously adopted incorrect position. In this way the student will gradually be able to learn to correct his position himself.

It is equally important that the teacher choose such expressions in the correction that

sondern auch leicht ausführbar machen. Dieses wird der Lehrer um so leichter können, wenn er immer auf die ersten Grundregeln zurück geht, und diese beym ersten Anreiten dem Schüler gehörig eingeprägt worden sind.

Die meisten Correctionen ergeben sich aus dem Fehler selbst, nur muß der Lehrer genau beobachten, woher der Fehler rührt, und ihn nicht immer einzeln, sondern in seiner Ursache corrigiren. So z.B. rührt die Unstätigkeit der Hand oft bloß von ihrer Härte oder von der Härte des Armes her, sobald diese aufhört, wird die Hand ruhiger; so läßt auch oft der Reiter eine Schulter mehr sinken, weil er dieselbe Seite eingezogen hat. Es soll daher der Lehrer die Fehler des Schülers in ihrer Entstehung studieren, um sie stets in ihrer Grundursache corrigiren zu können.

Sobald der Reiter sein Gleichgewicht im Schritt erhalten kann, und nicht mehr in die Hauptfehler verfällt, wird es sehr nützlich seyn, ihn zuweilen beym Anhalten das Pferd einige Tritte zurück machen zu lassen. Hier kann er am Besten kennen lernen, wie die Zügel, einzeln und zugleich, auf das Hintertheil des Pferdes wirken, und wie er nach der Empfindlichkeit des Pferdes seine Hand zu gebrauchen hat. Der Lehrer muß ihm deutlich erklären, daß das Pferd, wie es auf den gradweisen Anzug der Zügel zurücktritt, auch auf den nähmlichen Anzug im Gehen sein Tempo verkürzt; das Zurücktreten selbst aber muß, wenn es richtig seyn soll, so ruhig wie das Austreten geschehen; das Pferd muß in der Richtung bleiben, ohne sich zu übereilen, und seine Stellung zu verlieren; es muß ein Bein nach dem andern zurücksetzen.

VON DEM TRAB

Ist der Reiter mit seiner Haltung im Schritt so weit vorgerückt, daß er auch jeden einzelnen kleinen Fehler vermeidet, sein Pferd richtig anhalten und angehen lassen kann, so geht man mit ihm zum Trab über. Aus der Bewegung des Trabes wird das Verhalten des Reiters bestimmt.

Der Trab unterscheidet sich dadurch vom Schritt, daß die vier Momente des Schrittes hier in zwey zusammen fallen; er entsteht daher eigentlich aus dem Schritt, indem die diagonalen Beine so schnell auf einander folgen, daß sie zu gleicher Zeit gehoben und niedergesetzt werden, und nur in diesem Falle ist die Bewegung Trab, sonst nur ein übereilter Schritt.

Der Trab ist richtig, wenn er gleich unterhalten und in guter Cadenz ist, d. i. wenn das Tempo immer unverändert bleibt, und die Tritte gleich kräftig gehört werden.

not only make what is desired clear to the student, but also easy to perform. The teacher will be able to do this all the more easily if he always returns to the basic principles, and these have been correctly impressed on the student from the first lesson.

Most corrections will arise from the mistakes themselves, and the teacher need only observe closely where the error lies and correct not only the error, but its root cause. In this way, for example, unsteadiness of the hand often merely stems from its stiffness, or from the rigidity of the arm, and as soon as this ceases, the hand becomes quieter. Similarly, the rider often lowers one shoulder more, because he has contracted this side. The teacher should therefore study the student's errors as they arise, so as always to be able to correct them in their root cause.

As soon as the rider can maintain his balance at walk and no longer succumbs to the main errors, it will be very useful to allow him to make the horse take a few steps backwards occasionally when it halts. This is the best way to learn how the reins, individually and together, affect the horse's hindquarters, and how he has to use his hand according to the horse's sensitivity. The teacher must explain clearly to him that the horse, as it steps backwards in accordance with the degree of pressure on the reins, also shortens its tempo in walk by means of the same pressure. Stepping backwards itself must, however, if it is to be done correctly, occur as calmly as stepping forwards; the horse must remain straight, without hurrying and losing its outline; it must move one leg back after the other.[7]

THE TROT

When the rider has advanced with his position sufficiently at walk that he avoids even the slightest error, and can halt and walk his horse correctly, he can progress to the trot. The movement of the trot will affect the position of the rider.

The trot differs from the walk in that the four beats of the walk are condensed in this case to two; it is therefore derived from the walk, in that the diagonal legs follow each other so quickly that they are raised and set down simultaneously, and only in this case is the movement the trot instead of merely a hurried walk.

---

7   TN: The author is referring to the hind leg in particular, but of course the step consists of the diagonal pair.

Aus dieser Bewegung der Beine im Trabe läßt sich schon schließen, daß er eine ganz andere Wirkung auf den Reiter mache, als der Schritt. Im Schritt war die Erschütterung des Reiters fast unmerklich, er wird mehr fortgetragen; beym Trab aber, wo das Pferd nun nicht mehr von einem auf den andern Fuß weggeht, sondern sich vorschnellt, wird der Reiter fortgehoben, und durch das jedesmahlige Niederfallen der diagonalen Beine stark erschüttert. Viel schwerer ist daher für den Anfänger der Trab, und es wird die schwerste Bewegung für ihn, wenn das Pferd einen harten Trab hat.

Da diese Bewegung nun ganz verschieden von derjenigen ist, in welcher der Schüler bis jetzt geübt wurde, so muß man bey dem gemäßigten Trab anfangen, und ja nicht bey dem stärkern, auch, wo möglich, dem Schüler zuerst ein Pferd geben, das eine leichtere Bewegung hat, und ihn nicht eher ein harter trabendes reiten lassen, als bis er sich an die sanftere Bewegung (des Trabes) gewohnt hat.

Der Lehrer glaube nicht, daß ein harter und schneller Trab dem Anfänger Schluß und Gleichgewicht gebe. Nur dann, wenn der Reiter stufenweise dahin geführt worden ist, wird dieser Trab eine nützliche Übung zur Vervollkommnung seines Gleichgewichtes. Wenn man dem Anfänger gleich ein hartes Pferd zum Traben geben wollte, um ihn nun auf diesem forttraben zu lassen, so würde er, da er in dieser Bewegung noch gar keine Haltung hat, aus Furcht zu fallen, welches auch leicht geschehen könnte, sich immer steifer machen, und alle Correctionen wären vergeblich, weil jene Furcht ihn nur für seine Sicherheit sorgen ließe. Diese Steifheit, die auch zugleich durch die von der Ermüdung unzertrennliche Schwäche veranlaßt wird, macht nun die Stöße dieses Trabes viel härter auf ihn wirken, seine Eingeweide werden auf das hefttgste erschüttert, seine Lunge leidet, und sehr leicht ist ein Darmbruch die Folge davon.

Es ist daher genau zu beobachten, daß der Anfänger stufenweise an die Bewegung des Trabes gewöhnt werde; er wird auch nur auf diese Art schnellere Fortschritte machen, indem er, in seiner Haltung nicht gestört, sein Gleichgewicht immer mehr und mehr vervollkommnen kann, wo er im Gegentheil, wenn er zu oft in Unordnung geräth, immer wieder zurück gesetzt wird.

Der Reiter hat im Trabe besonders darauf zu achten, daß seine Haltung immer mehr ungezwungen sey, und ja kein Theil seines Körpers steif werde.

Die richtige Stellung des Oberleibes und das Gewicht der weich herabgelassenen Schenkel muß eigentlich das Gleichgewicht des Reiters erhalten.

The trot is correct when it is evenly maintained and in good cadence, that is when the tempo always remains unchanged and the steps are heard equally strongly.

From this movement of the legs in trot, one can conclude that it has a completely different effect on the rider from that of the walk. At walk the shaking of the rider was almost imperceptible, and he is carried forward more; however, in trot, where the horse no longer steps from one foot to the other, but goes forward more quickly, the rider is lifted up and forward, and at each impact of the diagonal legs on the ground he is shaken strongly. Trot is therefore much more difficult for the beginner and it will be the most difficult movement for him if the horse has a hard trot.

Since this movement is now completely different from that which the student has practised so far, it is necessary to begin with a moderate trot and not the strongest, and also, where possible, to give the student at first a horse that has an easier movement and not to let him ride a hard trotting horse until he has become accustomed to the softer movement of trot.

The teacher should not believe that a hard, fast trot will give the beginner security and balance. Only when the rider has been guided step by step to that point will this type of trot be a useful experience for the perfection of his balance. If one were to wish to give the beginner a hard horse to trot on straight away, in order to let him trot forward, he would, as he has as yet no position in this movement, make himself rigid from fear of falling, which could easily happen, and all corrections would be in vain, as such fear would only allow him to be concerned for his safety. This rigidity, also caused by the weakness that is inseparable from tiredness, makes the jolts of this trot affect him much more harshly, his innards will be shaken to the utmost, his lungs will suffer, and this can easily result in a hernia.

For this reason, it must be strictly observed that the beginner be gradually accustomed to the movement of the trot. Only in this way will he make more rapid progress, as when he is not disturbed in his position, his balance can be increasingly perfected, whereas by contrast, if he gets into disorder too often he will constantly be set back.

The rider must take particular care in trot that his position is always more relaxed, and of course, that no part of his body becomes stiff.

The correct position of the upper body and the weight of the softly hanging legs must actually maintain the rider's balance.

Da es hier hauptsächlich darauf ankommt, daß der Reiter, der bey jedem Stoße, den das Pferd in der Bewegung des Trabes gegen ihn macht, in die Höhe gehoben wird, gerade wieder zurück falle, so muß dazu die richtige Lage der Schenkel das Meiste beytragen. Indem es aber erwiesen ist, daß ein harter Körper jede Erschütterung in stärkerem Grade leide, als ein elastischer, so daß dieselbe Erschütterung in dem Maße heftiger wird, als der Körper härter ist, und umgekehrt, daß der Körper in dem Maße weniger an derselben Erschütterung leide, als er weicher ist, so müssen besonders die Schenkel im Trabe nachgiebig seyn, d. h. sie dürfen nicht in ihren Muskeln angespannt werden, sondern sollen immer, wie gesagt, ungezwungen herabhängen.

Der Abrichter hat bey dieser Bewegung genau auf die richtige Haltung des Reiters in den einzelnsten Theilen des Oberleibes zu achten; denn die geringste Abweichung kann hier mehr als bey jeder andern Bewegung das Gleichgewicht des Reiters stören, da er dasselbe gerade bey dieser Bewegung am wenigsten durch Kraft zu unterstützen vermag, und nur die richtige Haltung, welche schon durch den geringsten Fehler gestört wird, dieß befördern kann. So z. B. wirkt die unrichtige Haltung des Kopfes auf die ganze Haltung des Oberleibes und folglich auch der Schenkel; denn stellt man sich den Oberleib des Reiters bloß als einen aufrechten Körper auf einem horizontalen unter dem rechten Winkel stehend vor, so wird jede Neigung des obern Punctes die Richtung des ganzen Körpers bestimmen. Seine Stellung weicht von der senkrechten ab, sobald der oberste Punct auf die eine oder andere Seite sich neigt; das Gleichgewicht des Körpers wird dadurch vermindert, denn jede Abweichung, die ein aufrechter Körper von einer senkrechten Richtung annimmt, nähert ihn dem Fallen.

Wenn der Reiter nun auch durch Kraft zur Erhaltung des Gleichgewichts ersetzen kann, was die unrichtige Haltung des Kopfes an selbem vermindert, so verliert er doch durch eben diese Kraftanstrengung an der ihm so nöthigen Elasticität. — Der Reiter kann nur durch die richtige ungezwungene Haltung sein Gleichgewicht erhalten.

Man nehme auch im Trabe den Schüler zuerst an der Longe auf dem Zirkel, und lasse ihn das Pferd aus dem Schritt zu einem gemäßigten Trabe antreiben. Die Hülfen, um das Pferd aus dem Schritt in den Trab zu bringen, sind ganz dieselben, die der Reiter anwenden muß, wenn sein Pferd im Schritt antreten soll, nur muß er hier noch mehr auf die Erhaltung seiner Stellung Acht haben, daher der Gebrauch seiner Schenkel mit aller Richtigkeit geschehen soll. Die Schenkel müssen nach und nach mit verstärktem Drucke angelegt werden, doch muß der Reiter wohl auf die feste gerade Richtung

As this mainly depends on the rider dropping straight back after being lifted up by each jolt that the horse gives him in trotting, the correct position of the legs has the most important part to play in this. Since it has been proved that a hard body will be impacted to a greater degree by each jolt than an elastic one so that the same jolt becomes greater in proportion to the hardness of the body, and the converse, that the body will be impacted less by the same jolt, the softer it is, therefore the legs in particular must be all the more yielding in trot; in other words they must not be tense in their muscles, but, as mentioned before, must always hang down in a relaxed fashion.

The teacher must pay precise attention to the correct position of the rider in terms of each part of the upper body in this movement; after all, the slightest deviation can disturb the rider's balance more in this movement than in any other, as, precisely in this movement, he can support his balance the least by force, and only the correct position, which will be upset by the slightest error, can promote this. In this way, for example an incorrect position of the head affects the entire position of the upper body and thus the legs; since if one imagines the rider's upper body simply as a vertical body on a horizontal body at a right angle, so each inclination of the upper point will determine the position of the entire body. Its position deviates from the vertical as soon as the highest point bends to one side or the other; the body's balance is reduced by this, since any deviation of an upright body from the vertical brings it closer to falling.

While the rider can use force to maintain his balance, which is in turn reduced by any incorrect position of the head, by this very effort he will lose the elasticity that is so essential to him. The rider can only maintain his balance through the correct relaxed position.

The student should first be lunged in trot on a circle and he should be allowed to push the horse from walk to a moderate trot. The aids to make the horse trot from the walk are exactly the same as those the rider must use when his horse has to walk from halt, however in this case he must pay even more attention to his position, and thus his legs must be used absolutely correctly.

seiner Hüften bedacht seyn, ehe er seine Hülfen anwendet und seine Hand nachgibt, welches auf dieselbe Art geschieht, wie beym Anreiten im Schritt. Um nun das Pferd auch im gleichen Tempo zu erhalten, muß der Reiter dasselbe, wie im Schritt, wenn es eilt, oder das Tempo beschleunigt, mit Zurückrichtung des kleinen Fingers gegen die Mitte seines Leibes aushalten, oder das Tempo mäßigen, und wenn das Pferd zu träge geht, mit Anlegung der beyden Schenkel und Aufrichtung des kleinen Fingers es ermuntern. Es ist für den Anfänger vortheilhafter, wenn er die ersten Bewegungen des Trabes auf dem Zirkel kennen lernt. Die Wendungen, die er im Viereck machen müßte, sind noch zu schwer für ihn; auch ist er im ersten Falle mehr in Aufsicht des Lehrers und wird langsam zu den Wendungen vorbereitet. Ist er einige Zeit auf dem Zirkel geübt worden, dann muß er ein Viereck austraben. Hier darf im Anfange die Wendung in den Ecken nicht zu enge gemacht, die Ecke darf nicht scharf ausgeritten, sondern sie muß abgerundet werden, und hauptsächlich ist nur darauf zu sehen, daß das Pferd das gleiche Tempo behält, welches der Reiter durch die angegebenen Hülfen bewirken muß.

Im Anfang muß noch immer, wenn der Trab aufhören soll, das Pferd aus demselben in Schritt genommen werden; der Reiter braucht nur das Anhalten seiner Hand nach und nach zu verstärken, und wenn das Pferd seinen Trab endigt, eine kleine Hülfe mit den Schenkeln zu geben, so geht das Pferd richtig im Schritt fort. Es ergibt sich aus der Bewegung des Trabes von selbst, daß, wie das Pferd angehalten wird, es gehindert ist, seine diagonalen Beine so schnell auf einander folgen zu lassen, und da diese nun nicht mehr in einem Tempo zusammen treffen, der Schritt erfolgen muß.

Hier mache man den Reiter aufmerksam, wie stark er anhalten muß, damit das Pferd aufhört zu traben, und doch wieder, ohne sich aufzuhalten, im Schritt fortgeht.

Den Trab muß man, je nachdem der Reiter mehr Sitz erhalten hat, nun auch immer mehr verstärken, und aus demselben auf der Stelle anhalten lassen. Dieses Anhalten geschieht auf dieselbe Art und mit verstärkter Hülfe der Hand, wie beym Halten im Schritt, und es ist nur noch mehr die gute Haltung des Oberleibes zu beobachten, daher es im Anfang nothwendig ist, den Reiter vor dem Halten besonders daran zu erinnern. Er wird sie am leichtesten behalten, wenn er seine Hand auf die schon angegebene Weise richtig bewegt; jede andere Zurückziehung derselben stört seine Haltung, indem dann der Ellbogen nicht geschlossen bleibt.

Der Reiter hat Kräfte genug, mit der Hand allein sein Pferd zu erhalten,

The legs must press gradually more and more strongly, but the rider must concentrate on the firm upright position of his pelvis before he applies his aids and gives with his hand, which occurs in the same manner as when he is moving off in walk. In order to maintain the horse in the same tempo, the rider must hold it, or moderate the tempo, in the same way as when the horse hurries in walk or increases the tempo, by pointing the little finger backwards toward the middle of his body, and if the horse goes too slowly, he must encourage it by applying both legs and lifting up the little finger. It is more beneficial for the beginner if he becomes accustomed to the first trot movement on the circle. The turns that he would have to make on the rectangle are still too difficult for him; on the circle he is also more under the supervision of the teacher and is slowly prepared for turns. Once he has practised for a time on the circle, he must trot a rectangle. At the beginning of this the turns in the corners must not be too tight. The corner must not be ridden at a sharp angle, but must be rounded off, and the main thing to attend to is that the horse maintains the same tempo, which the rider must control using the appropriate aids.

In the beginning when the trot is to end the horse must always be brought to walk from trot; the rider only needs to hold the horse gradually more strongly with his hand, and when it stops trotting, to give a little leg aid, and then the horse will walk correctly forward. It arises from the movement of the trot itself that as the horse is being stopped, it is prevented from letting its diagonal legs follow each other as quickly and, as they no longer go together in one tempo, the walk must result.

It is appropriate here to make the rider aware of how strongly he must hold the reins to make the horse stop trotting, and yet to go into walk without stopping.

The trot should be increasingly strengthened the more the rider's seat is established, and a transition to halt on the spot should be made.

Halting takes place in the same manner, albeit with a stronger hand aid, as halting from walk and maintaining a good position of the upper body is even more important, and thus it is particularly necessary in the beginning to remind the rider of this before halting. He will remember it most easily if he moves his hand correctly in the manner already described; any other

und braucht daher seinen Schenkel nicht zurück zu legen; die Zügel werden, wenn die Hand vorher richtig stand und aus dem Handgelenke herum gebogen wird, genug verkürzt.

Das Zurücklegen des Oberleibes bezieht sich also nicht auf den ganzen Oberleib, sondern ist nur so zu verstehen, daß die Hüften mit mehr Festigkeit gestellt werden sollen, welches durch die Zurücksenkung der Schultern bewirkt wird; um dieses noch mehr zu befördern, werden die Schenkel etwas vorgestreckt, wodurch die Hüften eine Gegenhaltung bekommen, da das Pferd immer, besonders beym plötzlichen Anhalten, den Reiter vorschiebt. Was das in den Bügel Treten betrifft, so hat es keineswegs ein Anstreifen des Fußes gegen den Bügel zu bedeuten; der Fuß muß seine Elasticität behalten, es darf daher der- Bügel nur als Gegenhalt dienen, um dem Sitze mehr Tiefe zu geben.

Die Wendungen in den Ecken, wozu der Reiter auf dem Zirkel vorbereitet worden ist, muß er nun mit eben der Richtung des Oberleibes, Führung der Hand und Anwendung seiner Hülfen vollziehen, wie im Schritt, nur daß hier das Pferd vor den Wendungen mehr versammelt werden muß, welches dasselbe ist, als wenn der Reiter das gedehnte Tempo mehr zusammen schieben will. Das Anhalten der Hand und die Anlegung der Schenkel zu gleicher Zeit, erheben das Pferd und schieben es zugleich mit dem Hintertheil mehr unter; es geht nun mehr auf dem Hintertheile, und indem es seine Hinterbeine mehr untersetzt, erleichtert es das Vordertheil, und die Wendung wird sicher und leicht.

Der Reiter muß im Trab, und besonders im stärkeren Trab, um so mehr auf die Regeln der Wendung Acht haben; sein inwendiger Schenkel muß noch mehr herunter gelassen, seine inwendige Hüfte fester gestellt werden, denn die Bewegung des Pferdes, die den Reiter immer herausstößt, und gegen die answendige Seite rückt, thut dieß noch mehr, wenn sie selbst verstärkt ist. Es ist aber ganz vorzüglich zu bemerken, daß der Reiter ja nicht den Oberleib herein lege, keine Seite einbiege, keine Schulter aufziehe, und den auswendigen Schenkel nicht vorstrecke, sondern nur mit der geraden Zurückrichtung seiner inwendigen Seite und Senkung seines inwendigen Schenkels, der mehr am Pferde heruntergelassen werden muß, seine Schwere auf das inwendige Hinterbein seines Pferdes richte.

pulling back of the hand disturbs his posture as the elbow does not remain closed.

The rider has sufficient strength to hold his horse with his hand alone, and therefore does not need to place his legs back; the reins become sufficiently short if the hand was in the correct position before, and is bent round from the wrist.

The placing back of the upper body does not therefore apply to the whole upper body, but is only to be seen in the context of the seatbones being placed more firmly, which is brought about by the lowering back of the shoulders; to further this more, the legs are stretched somewhat forwards whereby the pelvis adopts a counter position, as the horse always tips the rider forwards, especially in sudden halts. As far as treading on the stirrups goes, this in no way means pressing the foot against the iron; the foot must keep its elasticity, and must therefore only use the stirrup as a counterweight in order to give the seat more depth.

The rider must now perform turns in corners, for which he has been prepared on the circle, by positioning the upper body, controlling the hand and applying his aids as in the walk, only that in this case, the horse must be collected more before the turns, which is the same as when the rider wants to shorten the extended tempo. The holding of the hand and the pressure of the legs at the same time lift the horse and simultaneously push its hindquarters more underneath; now it is using its hindquarters more and, as it is setting its hind legs more underneath, it lightens the forehand and the turn is stable and light.

In trot, and especially in the stronger trot, the rider must pay all the more attention to the rules of the turn; his inside leg must be lowered more, his inside seatbone pressed in more firmly, as the horse's movement, which always throws the rider outwards and moves him towards the outside, does this even more if the movement is strengthened. However, it is particularly appropriate to note that the rider must not lean in with the body, nor bend to either side, raise his shoulders, or place the outside leg forwards, but must only turn his upright inside body backwards and lower his inside leg, which must be lowered more against the horse, and direct his weight onto the inside hind leg of his horse.

Bey dem Wenden im stärkeren Trabe werden, wie gesagt, die Ecken abgerundet, im gemäßigten Trab aber und im Schritt muß der Reiter, zur Vervollkommnung seiner Führung, die Ecken scharf ausreiten. Im Schritt reitet er die Ecken aus, indem er sein Pferd auf der geraden Linie erhält, bis es mit dem Kopf gegen die Einfassungslinie kömmt, dann biegt er es mit der zur Wendung angegebenen Führung der Hand allmählig herein, drückt den inwendigen Schenkel etwas an, und verwahrt durch Anlegung des auswendigen Schenkels die Croupe, d. h. er verhindert mit dem auswendigen Schenkel das schnelle Ausweichen des Hintertheils auf den Druck des inwendigen. Nur muß das Pferd sich ganz runden, und langsam mit dem Hintertheil die Ecke ausgehen. Dieses kann nur im Schritt so richtig und scharf geschehen; im gemäßigten Trab muß die Ecke schon gerundet werden, und je stärker der Trab ist, desto mehr.

Auch hier ist immer zu bemerken, daß der Reiter seine Haltung wie in den übrigen Wendungen bewahre, und bey dem Andrücken der Schenkel keinen herauf ziehe. Ist er im Schritt und Trab so weit geübt, daß er seine Ecken richtig ausreiten kann, so kann man ihn auch zur höheren Vervollkommnung seiner Führung Volten oder kleine Touren, zuerst im Schritt und dann im Trab reiten lassen.

Die kleine Tour ist eine immerwährende Wendung, enger als der große Zirkel, den der Reiter bey seiner ersten Übung reiten mußte. Es folgt daraus, daß der Reiter das nähmliche Verfahren dabey zu beobachten hat, wie bey dem Wenden überhaupt, daß nähmlich der Pferdekopf bey jeder Wendung, sie mag durch die Ecken oder wo immer geschehen, herein gestellt bleibe, und dieses Hereinstellen des Pferdekopfes auf jeder Hand, der Reiter mag rechts oder links wenden, beybehalten werde. Die eigentliche vollkomme Stellung des Pferdes bey der Wendung ist folgende:

»Das Pferd soll vom Kopfe bis zur Croupe gerundet seyn, und dieses in dem Verhältnisse, als die Wendung weiter oder enger ist. Das Pferd soll einen Theil des Zirkels ausmachen, den man beschreiben will, daher muß der Kopf herein gestellt seyn, und da nach der Erklärung der Wendung, das Pferd seine auswendigen Beine immer mehr vorsetzt, so muß auch der Reiter, wenn sein Pferd sich mit dem Kopfe in die Wendung gestellt hat, demselben immer wieder nachgeben, sobald es der Führung folgt. Es kann überhaupt nicht oft genug bemerkt werden, daß der Reiter in jeder Bewegung das Pferd anhalte und wieder nachgebe, und nie die Hand mit dem angezogenen Zügel wieder

When turning at a stronger trot, as mentioned before, the corners are rounded off, but in a moderate trot or in walk the rider must ride the corners at a sharper angle to perfect his control. At walk, he rides the corners by keeping his horse on a straight line, until its head crosses the edge [of the track], then he gradually bends it with the appropriate hand movement for turning, presses the inside leg somewhat, and protects it by applying the outside leg at the croup[8]; that is he uses the outside leg to prevent the hindquarters from quickly swinging out from the pressure of the inside leg. The horse must only round itself fully and slowly go around the corner with its hindquarters. This can only occur correctly and at a sharp angle in walk; in a moderate trot the corner must already be rounded and the stronger the trot, the more this is the case.

It must also always be noted here that the rider should maintain his position as in the other turns, and not draw up either leg when he applies it. Once he is far enough advanced in trot and walk that he can ride his corners correctly, he can be allowed to perfect his control by riding voltes or small circles, first at walk and then in trot.

The small circle (or volte) is a continuous turn, which is narrower than the large circle that the rider had to ride in his first exercise. It follows from this that the rider has to observe the same behaviour as in turning, that the horse's head in each turn, whether in corners or wherever they occur, remains positioned to the inside and this inside position of the horse's head is maintained on either rein, whether the rider is turning left or right. The actual complete position of the horse in the turn is as follows:

- The horse must be rounded from its head to its croup, and this should be in relation to the width of the turn. The horse must form a part of the circle that is to be described, and so the head must be placed inwards and as, according to the explanation of the turn, the horse always places its outside legs further forward, once his horse has assumed the position with its head to the inside, the rider must always yield to the horse, as soon as it follows the aids. It cannot be remarked sufficiently frequently that in every movement the rider checks the horse and then releases, and never allows

---

8   TN: The author uses the word "croup." We might now refer to this action as "using the leg behind the girth."

anstehen lasse, weil es sonst sehr leicht hart im Maul wird, und dann alle Folgsamkeit auf den Zügel verliert.«

Von dem Schüler ist es nicht zu verlangen, daß er immer das bestimmte Hinterbein, welches niedertritt, durch den Anzug seiner Zügel anhalte und dem andern Beine mehr Freyheit gebe, d. h. daß er nur eben dann den Zügel anhalte, wenn das Hinterbein niedertritt, oder sich vorbewegen will, welches eigentlich die allerfeinste Führung ist; es ist besonders im Schritt und Trab nicht zu fordern, eher im Galopp, wo der Reiter dieselbe Hülfe bey jedem Sprunge wiederhohlt, die er angewendet hat, um das Pferd anspringen zu machen. In den ersten Bewegungen (im Schritt und im Trab) würde zu viel feines Gefühl von dem Schüler erheischt, da er jeden einzelnen Fußtritt des Pferdes bestimmt unterscheiden müßte, um es so fein zu führen, was um so schwerer wird, je kürzer das Tempo ist. Der Lehrer muß sich also bey dem Schüler mit dem besagten Anhalten und Nachgeben der Hand begnügen; das Pferd wird auch dadurch Freyheit und Haltung genug bekommen, nur muß der Reiter erinnert werden, diese Bewegung mit der Hand nicht zu rasch und zu sichtbar zu machen, sondern der Anzug und die Bewegung des kleinen Fingers gegen den Leib muß allmählig zunehmen und nachlassen.

Das kurze Wechseln, welches eine doppelte Wendung ist, die in einander geht, indem einmahl rechts und einmahl links in einem Fortschreiten gewendet wird, muß eine um so bessere Übung für die Führung des Reiters seyn, weil hier immer der Übergang von einer zur andern Wendung ist, die der Reiter nicht richtig machen kann, wenn er nicht schon in der einfachen Wendung gehörig geübt, und des ganzen Verfahrens, welches er überhaupt bey der Wendung zu beobachten hat, sich bewußt ist. Hier muß er auf einmahl von einer Wendung zu der entgegengesetzten übergehen; wenn er nämlich rechts wechselt, so muß er erst rechts und dann links wenden. Er hat dabei dasselbe zu beobachten, was er bey jeder Wendung zu thun hat, nur muß er hier sein Pferd noch mehr versammeln; denn es muß auch mehr auf den Reiter merken, da er bey der Wechslung auch seine Hülfen wechselt.

the hand to continue to pull on the rein, because otherwise the horse will easily become hard in the mouth and lose all obedience to the reins.

The student should not be expected always to check the specific hind leg that is stepping down with his reins and to give more freedom to the other leg, in other words only tensioning the rein when the hind leg is stepping down, or about to move forwards, which is after all the ultimate in fine rein control; it is in particular not to be required at walk and trot, but rather in canter, where the rider repeats the same aids at each leap as he has applied to ask the horse to start the canter. In the first movements (in walk and in trot) too fine a feel would be required of the student, as he would have to be able to distinguish each individual footfall of the horse, in order to control it so finely, which is all the more difficult the shorter the tempo is. The teacher must therefore be satisfied with the student with the above-mentioned checking and releasing of the hand; the horse will also receive enough freedom and control this way. Nevertheless the rider must be reminded not to make this hand movement too quickly or too visibly, but the pull and the movement of the little finger towards the body must increase and decrease gradually.

The short diagonal,[9] which is a double turn, that moves from one into the other as a turn is made once to the right and then to the left in one forward movement, must be all the better an exercise for the rider's control, as here there is always a change from one turn to the other, which the rider cannot perform correctly if he is not properly schooled in the simple turn, and not aware of the entire process which he has to observe in the turn. In this exercise he must change all at once from one turn to the opposite one; if he changes to the right, he must first turn right and then left. In this he must observe the same as he has to in every turn, only here he must collect his horse even more, as it must also pay more attention to the rider as he changes his aids in the turn.

---

9   TN: The term "das kurze Wechseln" may also mean a change of rein within the circle.

DER TRAVERS

Man geht häufig ohne alle Vorbereitung zum Travers über. So lange der Reiter bloß sein Pferd seitwärts gehen machen soll, ist es auch nicht anders nöthig, besonders da hier nur von einem schon abgerichteten Pferde die Rede ist; für den Reiter aber, der nachher selbst sein Pferd dressiren soll, der es also zu dieser Bewegung erst anleiten muß, ist es nicht genug, daß er bloß die Hülfen weiß, auf welche das gerichtete Pferd den Travers annimmt, sondern er muß auf dem gerichteten Pferde alle Hülfen nach und nach kennen lernen, durch welche das Pferd dahin zu bringen ist, daß es einen richtigen Travers gehe. Er darf also nicht gleich zum Travers übergehen, sondern muß, da es hier hauptsächlich darauf ankommt, daß das Pferd den Schenkelhülfen folgt, dasselbe mit dieser Art Schenkelhülfe bekannt zu machen.

Der Travers, er mag im Schritt, oder in welcher Bewegung immer vorgenommen werden, behält die Aufeinanderfolge der Beine, welche die Bewegung hat, worin traversirt wird, nur daß hier nicht wechselnd ein Bein in gerader Linie vor das andere gesetzt wird, sondern das vorgesetzte auswendige Bein wird immer wieder über das andere inwendige vorausgesetzt. Um diese Bewegung zu machen, muß das Pferd in dem Moment, wo es die äußern Füße vor die innern setzt, mehr noch als bey der Wendung sein Gewicht oder seine Schwere auf die inwendigen Beine richten, länger auf denselben ruhen, und noch viel freyer die auswendige Schulter bewegen; denn die Schulter muß hier nicht allein mehr aufgehoben, sondern auch das Querbein mehr ausgestreckt werden, indem es am Ellbogen heraus gedreht wird, — eine Bewegung, wozu das Pferd in keinem Gange, wo die vier Beine in gerader Linie auf einanderfolgen, vorbereitet worden ist. Unumgänglich nöthig ist es daher, daß das Pferd welches die Bewegung des Traverses machen soll, vorbereitet werde. Die beste Methode ist hierzu die Schule: Schulter einwärts, wo das Pferd an die doppelte Hülfe des Schenkels gewöhnt, und zu der Bewegung der Schulter und des Querbeines angeleitet wird. Auf diese doppelte Hülfe des Schenkels nähmlich muß das Pferd nicht allein das Hinterbein untersetzen, sondern auch über das andere vorsetzen.

Hier bloß das Verfahren des Reiters bey dem Travers:

Nach der erklärten Bewegung, welche das Pferd beym Travers annimmt, muß dasselbe zuerst mehr auf das inwendige Hinterbein gehalten werden, indem der Reiter den inwendigen Zügel wie bey der Wendung durch dieselbe Richtung der Hand, die er dort anzunehmen hat, fühlen läßt; in dem nähmlichen Augenblicke legt er seinen auswendigen Schenkel hinter der

TRAVERS

Travers can often be performed without any preparation. As long as the rider only has to make his horse go sideways, nothing more is necessary, especially as it is only a matter of the already trained horse here; however, for the rider who must later train his horse himself and must therefore first introduce it to this movement, it is not sufficient only to know the aids for a trained horse to adopt travers, but he must learn all the aids gradually on the trained horse, through which the horse can be made to perform a correct travers. He may therefore not go straight into travers, but, as the main point is for the horse to follow the leg aids, must acquaint it with this type of leg aid.

Whether in walk or at any gait, the travers retains the leg sequence of the gait in which it is performed, except that in this case one leg is not placed alternately in front of another in a straight line, but the outside foreleg is repeatedly crossed in front of the inside one. In order to perform this movement, at the moment when it places the outside feet in front of the inside feet, the horse must, even more than in turning, move its weight onto the inside legs and hold it there for longer, and move the outside shoulder even more freely; as the shoulder must not only be lifted more in this movement, but also the crossing leg must also be stretched more, as it is turned out at the elbow – a movement for which the horse has not been prepared by any gait when the four legs follow each other in a straight line. It is therefore unavoidably necessary that the horse which is to make the travers movement should be prepared.

The best method for this is the exercise of shoulder-in, where the horse becomes used to the double aids of the leg and is introduced to the movement of the shoulder and the crossing leg. With the double leg aid, the horse must not only set down the hind leg under the body but also in front of the other hind leg.

Here in simple terms is the procedure of the rider in travers:
According to the movement described, to be adopted by the horse in travers, the horse must be held first more on the inside hind leg, whereby the rider lets the horse feel the inside rein using the same movement of the hand as he adopts in the turn; at the same moment he places his outside leg

Gurte flach an, treibt hierdurch das auswendige Hinterbein des Pferdes zum Vorgreifen an, und indem er den Druck des Schenkels fortwirken läßt, und nun noch durch den inwendigen Zügel das inwendige Vorderbein zurückhält, muß das Pferd das auswendige Hinterbein über das inwendige setzen.

Der Anfang des Traverses wird mit dem inwendigen Beine bestimmt; je nachdem das Pferd rechts oder links traversiren soll, muß der rechte oder linke Vorderfuß erst seitwärts treten, hierauf wird das auswendige Hinterbein über das inwendige vorgesetzt, dann erst tritt das auswendige Vorderbein über das inwendige vor, und jetzt wird das inwendige Hinterbein seitwärts gesetzt. Von diesem Seitwärtssetzen der inwendigen Beine hängt die Richtung des Traverses ab; je nachdem diese mehr seitwärts und weniger vortreten, nimmt der Travers seine Richtung mehr seit- oder vorwärts. Daher muß der Reiter, um in gerader Linie den Travers auszuführen, die inwendigen Beine immer mehr zurückhalten, damit aber die auswendigen Beine richtig übersetzen können, zu verhindern suchen, daß die inwendigen nicht zu weit seitwärts treten, wodurch auch das Pferd sein Tempo verliert und zu eilen anfängt. Dieses kann er, indem er nur dann seine auswendige Schenkelhülfe recht anwendet, wenn die auswendigen Beine sich bewegen, gelinder aber, wenn die inwendigen seitwärts treten. Zugleich muß der Reiter auch seinen inwendigen Schenkel recht nahe am Pferde herunter hängen lassen, um im Falle, daß das Pferd die inwendigen Beine zu weit seitwärts setzen, oder auf den Druck des auswendigen Schenkels zu viel seitwärts eilen will, dieses zu verhindern, indem er den inwendigen Schenkel nach Verhältniß wirken läßt, eigentlich aber nur entgegenhält.

Dieses hat nicht allein den Nutzen, daß der Reiter dadurch das Pferd mehr bestimmen kann, sondern es bewirkt auch, daß sein Gewicht mehr auf die innere Hüfte gerichtet, und jener Fehler vermieden wird, in welchen der Reiter so gerne verfällt, daß er nämlich bey dem Anlegen des auswendigen Schenkels den inwendigen vorstreckt, und seine ganze Schwere dem auswendigen folgen läßt, indem er sich ganz auf die auswendige Hüfte legt. Dieser Fehler ist so allgemein, daß er nicht genug gerügt werden kann, und die Correction desselben muß daher das besondere Augenmerk des Lehrers seyn.

DER GALOPP

Das Verhalten des Reiters, sowohl um das Pferd in Galopp zu setzen, wie auch fortzugaloppiren, muß aus der Bewegung des Galoppes selbst folgen.

Der Reiter ist in allen Schenkelhülfen geübt, hat seinen Oberleib schon

flat behind the girth thus driving the outside leg of the horse to step forward, and, as he continues to let his leg apply the pressure and holds the inside foreleg back using the inside rein, the horse must set the outside hind leg over the inside hind leg.

The beginning of the travers is determined with the inside leg; according to whether the horse is supposed to travers to the right or left, the right or left foreleg must first step sideways, and then the outside hind leg is placed in front of the inside hind leg, only then does the outside foreleg cross over the inside foreleg and then the inside hind leg is moved sideways. The direction of the travers depends on this sideways movement of the inside legs; according to the degree to which they are moved more sideways and less forwards the travers will be more sideways and less forwards. For this reason, to perform the travers in a straight line the rider must always hold the inside legs back more, so that, however, the outside legs can cross correctly, and try to prevent the inside legs from going too far sideways, in which case the horse would lose its rhythm and begin to hurry. The rider can do this by correctly applying his outside leg aid only when the outside legs are moving, but more softly when the inside legs are moving sideways. At the same time, the rider must also let his inside leg hang down very close to the horse, so as to guard against the horse placing his inside legs too far sideways or hurrying too much sideways from the pressure of the outside leg. To do this the rider must use the inside leg accordingly while actually only holding it against the horse.

This not only has the benefit that in this way the rider can control the horse more, but also has the effect that his weight is more on the inside seatbone, thereby avoiding the error, into which the rider so easily slips, that in applying the outside leg, he pushes the inside leg forward, and thus allows all his weight to follow the outside leg by placing all his weight on the outside seatbone. This mistake is so common that it cannot be reprehended sufficiently, and it is therefore particularly important that the teacher look out for it so that he can correct it.

THE CANTER

The behaviour of the rider, not only to set the horse cantering, but also to continue cantering, must follow from the movement of the canter itself.

The rider has practised all the leg aids, has achieved balance with his upper body, and made the appropriate soft application of the legs. Cantering

ins Gleichgewicht gebracht, und die gehörige weiche Anlage der Schenkel erlangt; denn man soll ihn nicht eher galoppiren lassen, als bis er alle Tempo des Trabs, d. i. sowohl den kurzen als den gestreckten Trab reiten kann.

Der Galopp ist von den schon bekannten Gängen ganz verschieden, und hat drey Momente, in welchen die vier Beine erhoben und niedergesetzt werden. Um sich den Galopp recht deutlich vorzustellen, betrachte man das Pferd, wie es auf der rechten Hand galoppirt, und gebe zuerst auf das Aufheben der Beine Acht, wo denn im ersten Moment das rechte Vorderbein zuerst sich erhebt; im zweyten Moment erhebt sich das linke Vorder- und das rechte Hinterbein zugleich; im dritten endlich erhebt sich das linke Hinterbein. Die Momente des Niedersetzens der Beine oder die Ordnung der Beine im Niedersetzen, welches die nähmlichen Momente behält, ist umgekehrt jene des Erhebens. Hier wird zuerst das linke Hinterbein niedergesetzt, dann das rechte Hinter- und linke Vorderbein zugleich, und zuletzt das rechte Vorderbein. Dieses ist die bestimmte Folge der vier Beine des Pferdes im richtigen Galopp, der rechts oder links genannt wird, je nachdem in der besagten Folge der übrigen Beine, der rechte oder linke Vorderfuß zuerst sich erhebt. Man muß nun noch genauer die eigentlichen Thätigkeiten des Pferdes in seinem Fortschreiten bey dieser Bewegung der Beine beobachten.

Die eigentliche Thätigkeit oder der Mechanismus der Bewegung des Pferdes im Galopp beginnt damit, daß es sich vorne erhebt, sein Gewicht mehr auf die Hinterbeine wirft, und sich plötzlich einen Schwung nach Vorne gibt. Betrachten wir das Pferd, wie es aus dem Schritt in den Galopp rechts anspringt, so hebt es sich durch den Abstoß des rechten vordern Beines, worauf sogleich das linke folgt, und richtet seine ganze Schwere durch Zusammenziehung der Rückenmuskeln auf die Hinterbeine. Durch das Erheben des rechten Hinterbeines erhält es schon einen Schwung nach Vorne; doch ruht es noch eine kleine Weile auf dem linken Hinterbeine, durch dessen Vorsetzen nun das Pferd vorspringt, indem dieses Bein durch sein Ausstrecken dem ganzen Körper den Schwung gibt, wie sich der Mensch beym Springen durch das Ausstrecken seines Fußes aufschwingt, indem vorher die Ferse gebogen war, und nun plötzlich sich ausstreckt.

Um das Pferd richtig in diesen Galopp anzusprengen, muß der Reiter dasselbe durch seine zweckmäßige Hülfe dahin anhalten, daß eben dieser ganze Mechanismus beginne. Für den Reiter, der sein Pferd genau führt, läßt sich hier ein umständliches Verfahren angeben, und aus diesem wird die einfachere Handlung des weniger geschickten sich folgern lassen.

should not be allowed until the rider can ride all trot rhythms, that is both the short and extended trot.

The canter is completely different from the gaits already experienced, and has three beats, in which the four legs are raised and set down. To have the correct understanding of the canter, the horse should be observed cantering on the right rein, and first the lifting of the legs should be noted, where in the first step the right foreleg is lifted first; in the second movement the left foreleg and the right hind leg are lifted together, in the third movement finally the left hind leg is lifted.[10] The movement of setting down the legs or the order of the legs being set down, which has these beats, is the reverse of the lifting movement. Here the left hind leg is first set down, and then the right hind and the left foreleg, then finally the right foreleg. This is the clear sequence of the four legs of the horse in the correct canter, which is called right or left canter according to whether in the above-mentioned sequence of the legs the right or left foreleg is raised first. Now it is necessary to observe even more closely the actual actions of the horse as it moves forward with this leg movement.

The actual action or mechanism of the movement of the horse at canter begins with it lifting its forehand, throwing more weight on the hind legs, and then suddenly pushing itself forward. As we observe the horse and how it springs forward into right canter from walk, it lifts itself by pushing off from the right foreleg, whereupon the left follows immediately, and it directs its entire weight onto the hindquarters by contracting the back muscles. By lifting the right hind leg it already pushes itself forwards; however it rests a short while on the left hind leg and by moving that leg forward the horse then leaps forward, in that this leg by stretching out gives the whole body momentum, just as a human being swings forward in jumping by stretching out his foot, whereby the heel is first bent and then suddenly stretched out.

In order to make a correct transition to this canter, the rider must slow the horse by effective use of his aids so that this whole mechanism can begin. For the rider, who controls his horse precisely, a complex process is now begun, and, as a consequence of this, easier handling by the less-skilled rider will be deduced.

---

10   TN: It appears that the author first describes a visual image of the gait and a sense of its dynamics focussing on the lifting of each leg. However, the author's description of the setting down of the limbs gives the more conventional impression of the canter sequence.

Es wird dem weniger geschickten Retter wohl leichter, und er braucht nicht so richtig die Hülfen anzuwenden, wenn er sein Pferd aus dem kurzen Trab in den Galopp ansprengt; doch kann dieses nie so bestimmt geschehen, wie aus dem Schritt, besonders wenn der Reiter durch sein eigenes Gefühl sich seiner Handlung deutlich bewußt seyn will, daher nehme ich hier bey der Auseinandersetzung der Hülfen zum Galopp das Pferd im Schritt auf der rechten Hand gehend.

Der Reiter muß zuerst sein Pferd zusammen nehmen, durch die schon angegebene Hülfe, wo er den kleinen Finger seiner linken Hand zurück führt, und beyde Schenkel etwas andrückt; nun hält er den auswendigen Zügel etwas an, wodurch die auswendige Schulter des Pferdes mehr zurück gehalten, und seine auswendige Hüfte mehr gestellt wird, d. h. das Pferd nimmt schon mehr Gewicht auf das auswendige Hinterbein, zu gleicher Zeit erhält das rechte Vorderbein mehr Freyheit, kann mehr vortreten und sich leichter erheben. Jetzt fühlet der Reiter genau, wenn das linke Hinterbein auf den Boden treten will; in diesem Augenblicke läßt er seinen auswendigen Schenkel kräftig anfallen, ohne zu vergessen, den inwendigen nahe am Pferde herunter hängen zu lassen. Hierdurch wird der Tritt des linken Hinterbeines beschleuniget, der auswendige Zügel hält die Schulter zurück, und drückt die auswendige Hüfte mehr herunter; wenn der Reiter in dieser Stellung die Hand etwas in die Höhe nimmt, so wird das rechte Vorderbein mehr erhoben. Macht nun der Reiter in dem Moment, wo der Übertritt des auswendigen Hinterbeines beschleuniget und dasselbe zusammen gedrückt ist, die besagte Verrichtung mit der Hand, indem er sein Gewicht mehr auf seine Hüften richtet und beyde Schenkel andrückt, und läßt er, wenn das Pferd erhoben ist, die Zügel in der nähmlichen Richtung der Hand etwas nach, so muß es, indem jetzt der dauernde Druck der Schenkel es zum Vorspringen antreibt, rechts anspringen, weil die linke Seite zurückgehalten ist, und nur die rechten Beine Freyheit zum Vorsetzen haben; das linke Hinterbein wird am Längsten ausgehalten, und muß den Sprung vollenden. So galoppirt das Pferd rechts.

Dieses Verfahren nun, oder diese sämmtlichen Hülfen, die, wenn das auswendige Hinterbein untergetreten ist, alle zugleich angewendet werden müssen, werden in der Fortsetzung des Galopps (nur nicht so stark wie bey dem ersten Ansprengen, wo das Pferd zu der veränderten Bewegung bestimmt werden muß) wiederhohlt, und immer in dem Augenblicke, wenn das Pferd den Sprung vollführt hat, und nun den neuen beginnen soll, indem der Galopp eine Reihe von Sprüngen ist.

It will probably be easier for the less skilled rider, and he will not need to apply the aids so precisely, if he makes the horse canter from a short striding trot; but this can never happen as definitely as from walk, especially if the rider wants to be clearly aware of his actions by his own feeling, and so I take the example of the horse proceeding at walk on the right rein to examine in detail the aids for canter.

The rider must first collect his horse, by the aids already mentioned before, whereby he directs the little finger of his left hand backwards and squeezes with both legs somewhat; now he holds the outside rein, thereby holding the outside shoulder of the horse back more, and places more weight on his outside seatbone, that is the horse already takes more weight on the outside hind leg, and at the same time the right foreleg is given more freedom, can be set further forward and lift itself more easily. Now the rider should feel precisely when the left hind leg is going to step on the ground; at this moment he presses strongly with his outside leg, without forgetting to allow the inside leg to hang down against the horse's side. In this way the stride of the left hind leg is accelerated, the outside rein restrains the shoulder and the outside seatbone presses down more; if the rider raises his hand slightly, the right foreleg will be lifted more. In this position if the rider now makes the above-mentioned hand movement at the moment when the stride of the outside hind leg accelerates and is compressed, while directing his weight more onto his seatbones and squeezing with both legs and if, when the horse is lifted, he allows with the reins in the appropriate direction, the horse must be encouraged to spring forward by the continuous pressure of the leg and make a transition to right canter, because the left side is restrained, and only the right legs are free to move forwards; the left hind leg is held for the longest time and must complete the leap. That is how the horse canters to the right.

This procedure now, or these aids in total, which, when the outside hind leg has stepped under, must all be applied at once, are repeated in the continuation of the canter (only not as strongly as at the first transition, when the horse must be encouraged to start the change of gait), and it is repeated always at the moment when the horse has completed the leap, and now has to begin a new one, as the canter is a series of leaps.

Es ist voraus zu setzen, daß der geschickte Reiter diese fortgesetzten Hülfen nicht so sichtbar anwendet; er macht sie feiner, und gebraucht sie nur dann stärker, wenn das Pferd in seinem Sprunge nachläßt.

Um eine deutliche Darstellung aller Hülfen zu geben, ist hier bloß das Verfahren des geschickten Reiters angegeben worden. Wenn nun aber der Lehrer den Schüler zum Galopp anführen will, so kann er nicht verlangen, daß denselben sein eigenes Gefühl bestimmt leiten soll; er muß daher den Schüler unterstützen, ihm zuerst das Verfahren, welches er beobachten soll, deutlich vortragen, und ihm, wenn das auswendige Hinterbein sich niedersetzt, es angeben, daß er eben jetzt alle seine Hülfen anwende. Er läßt ihn auch zuerst sein Pferd auf die schon oben beschriebene Art zusammen nehmen, und dann, wenn er ihm den Tritt angibt, den auswendigen Schenkel mit Kraft anlegen, den inwendigen aber nahe am Pferde behalten, und die Zügel etwas nachgeben. Dabey ermahne er ihn, seinen Oberleib stets in der geraden Stellung zu erhalten und nie vorzulegen, wie es der gewöhnliche Fehler bey den meisten noch ungeschickten Reitern ist; ungezwungen muß die ganze Haltung des Reiters, besonders die Lage der Schenkel seyn.

Die Schenkel, die, wie gesagt, besonders ungezwungen herunter hängen sollen, muß der Reiter, wenn das Pferd im Galopp nachläßt, zuweilen mit Kraft anlegen, aber eben dann, wenn es den Sprung wieder beginnt. Damit alle Hülfen zu rechter Zeit angewendet werden, welches für den Anfänger sehr schwer ist, muß der Lehrer ihm immer den Zeitpunct angeben, wann er selbe anwenden soll, nähmlich, wenn das auswendige Hinterbein niedertritt. Es ist einleuchtend, wenn man die Thätigkeit des Pferdes beym Anspringen in den Galopp betrachtet, daß es nie bestimmt denselben beginnen kann, wenn die Hülfen nicht in dem Augenblicke angewendet werden, wo das auswendige Hinterbein niedertritt.

Der Galopp ist eine Reihe fortgesetzter Sprünge, wo das Pferd die erste Bewegung immer wiederhohlt; es muß daher selbst bey dieser Wiederhohlung in Unordnung kommen, wenn die Hülfen nicht wie beym ersten Sprunge richtig gegeben werden. Der Lehrer hat also zu beobachten, daß der Reiter das Tempo, wann er die Hülfen anwendet, genau treffe.

Bey Anwendung der Hülfen muß zugleich der Reiter, wie er seine Schenkel anlegt, mehr Sitz nehmen, und seine Hüften weiter zurück stellen, so daß er mehr Tiefe im Sattel erhält. Es kann aber hier nicht genug beobachtet werden, daß der Reiter ungezwungen bleibe.

Wenn der Reiter den Galopp enden soll, so läßt er zuerst das Pferd den Gang wieder annehmen, aus dem es in Galopp gesprungen ist. Es würde zu viel verlangt seyn, wenn der Reiter, der zum ersten Mahle galoppirt,

It must be stipulated that the skilled rider does not apply these continuous aids too visibly; he makes them lighter and only uses them more strongly if the horse's leap starts flagging.

In order to give a clear description of all aids, only the procedure of the skilled rider has been given here. If the teacher wants to show the student how to canter, he cannot expect the student to be led by his own feeling; he must therefore support the student by first clearly describing the procedure he wishes him to perform, and indicate to him when the outside hind leg is setting itself down, so that he applies all his aids at that time. He should first ask him to collect his horse in the manner described above, then, when he indicates the appropriate stride, to apply the outside leg strongly, but to keep the inside leg close to the horse, and allow somewhat with the reins. In this process, he should remind him to keep his upper body upright and never to lean forward, as is the usual mistake of most as yet unskilled riders; the entire posture of the rider, especially his leg position must be relaxed.

The legs, which as mentioned above should hang down in a particularly relaxed fashion, must be applied by the rider if the horse slows his canter, occasionally strongly, but specifically when the horse is recommencing his canter stride. So that all aids are applied at the correct time, which is difficult for the beginner, the teacher must indicate the moment to him when he should apply the aids, that is when the outside hind leg steps down. It is clear if one considers the horse's action as he commences the canter stride, that it can never do so unless the aids are applied at the moment when the outside leg steps down.[11]

The canter is a series of continuous leaps in which the horse always repeats the first action; it must therefore actually become irregular in this repetition, unless the aids are given correctly as they were at the inception of canter. The teacher must therefore make sure that the rider gets the correct timing of exactly when to apply the aids.

In applying the aids the rider must, at the same time as applying the legs, use his seat more, and place his pelvis further back so that he sits deeper in the saddle. There can never be enough attention paid to the rider remaining relaxed.

When the rider is to stop cantering, he first lets the horse return to the gait from which he started cantering. It would be too much to ask for the

---

11   TN: The author asks for the canter aid to be repeated with each stride.

gleich auf der Stelle anhalten sollte, wozu eine genaue Übereinstimmung der Hand mit dem Sitz und der Bewegung des Pferdes nothwendig ist. Um das Pferd in den vorigen Gang zurück gehen zu machen, braucht der Reiter nur den Anzug der Zügel (d. i. der gleichen Zügel) dann anzuwenden, wenn das inwendige Hinterbein niedertreten will, dadurch wird es verhalten, das auswendige bekommt Freyheit, und der Galopp muß aufhören.

Beym Anhalten muß hier noch genauer dasselbe beobachtet werden, was überhaupt bey jedem Anhalten zu thun ist, da so leicht das Pferd unter dem noch ungeübten Reiter auf die Vorderbeine sich stemmt, wodurch er immer vorgeprellt wird, weßwegen er hier um so mehr seinen Oberleib etwas zurückstellen und seine Schenkel fester anlegen muß, doch ohne sie hart zu machen.

Wenn der Lehrer diese Methode, den Reiter zum Galopp anzuleiten, mit Aufmerksamkeit befolgt, so wird jeder Schüler das schon gerichtete Pferd im Galopp ansprengen können.

Um genau den Tritt des auswendigen Hinterbeines anzugeben, kann der Lehrer das Wort »Galopp« dann aussprechen, wenn eben der Reiter die schon erklärten Hülfen anwenden muß. Hier tritt auch so leicht der Fehler ein, daß der Reiter mit seinem Oberleibe dem auswendigen Schenkel folgt, und so ihn zu viel herauslegt, anstatt bloß mehr Gewicht auf seine beyden Hüften zurück zu nehmen, ohne im Geringsten die Stellung seines Oberleibes zu verändern.

Um dieses zu verhindern, muß der Lehrer besonders darauf sehen, daß der Reiter auch seinen inwendigen Schenkel brauche, wodurch zu gleicher Zeit das Pferd mehr gerade erhalten, und die Hülfe des auswendigen Schenkels gemindert wird, die sonst die Croupe des Pferdes immer zu sehr hereindrückt. Damit der Reiter mit der Bewegung und den Hülfen, die er zum Galopp anzuwenden hat, genau bekannt gemacht werde, ist es einleuchtend vortheilhafter, wenn er sein Pferd aus dem Schritt gleich in den Galopp anspringen machen kann; er kann dann nicht allein seine Hülfen bestimmter geben, sondern er lernt auch eher den Übergang der Bewegung kennen, und kann seine ganze Stellung besser erhalten, als wenn das Pferd aus dem Trab muß angesprengt werden, wo er nie so bestimmt und mit so vieler Haltung seine Hülfen anwenden wird. Es kann daher nicht oft genug gesagt werden, wie viel vortheilhafter es sey, wenn ein Lehrer seinen Schüler aus dem Schritt den Galopp beginnen läßt.

rider, cantering for the first time, to halt on the spot, which requires very precise coordination of hand and seat and the movement of the horse. To make the horse return to the previous gait, the rider need only apply tension to the reins (that is both reins evenly), when the inside hind leg is going to step down, thus restraining it, allowing the outside hind leg to be free and stopping the canter.

In halting, the same action as is required for all halts must be applied more precisely, since it is so easy for the horse ridden by the as yet unskilled rider to brace itself and fall on the forehand, whereupon the rider is always pushed forwards, for which reason the rider must place his upper body back all the more and apply his legs more firmly, without making them hard.

If the teacher follows this method attentively to teach the rider to canter, every student will be able to get the trained horse to canter.

In order to indicate when the outside hind leg is stepping, the teacher can say the word "canter" at the point when the rider must apply the aids already explained. This is of course the point where the mistake is easily made, that the rider follows his outside leg with his upper body and thus leans it too far out instead of merely taking more weight back onto both of his seatbones, without changing the position of his upper body in the slightest.

To prevent this, the teacher must pay particular attention that the rider also uses his inside leg, so that the horse is kept straighter at the same time, and the aid from the outside leg is lightened, as otherwise it would push the haunches[12] too far to the inside. So that the rider can be taught exactly how to move and apply the aids for canter, it is clearly more advantageous if he can make the canter transition directly from walk; he can then not only give his aids more clearly, but also he gets to know the feel of the transition more easily and can keep his overall position better than if the horse must make the canter transition from trot, in which he will never apply his aids as definitely and with as steady a position. For this reason, it cannot be repeated too often how much more beneficial it is if a teacher lets his student begin canter from walk.

---

12   TN: The author uses the word "croup," but we would now use the term "quarters" or haunches."

Der Galopp links hat nun dieselbe Verfahrungsart von Seite des Reiters nöthig, wie der Galopp rechts, nur daß alle Hülfen, die bey dem Galopp zur rechten Hand rechts angewendet wurden, jetzt links angewendet werden müssen.

Das Pferd erhebt bey dem Galopp zur linken Hand, zuerst den linken Vorderfuß, dann den rechten Vorder- und linken Hinterfuß zugleich, und zuletzt den rechten Hinterfuß; so setzt es auch zuerst den rechten Hinterfuß, dann den linken Hinter, und rechten Vorderfuß zugleich, und zuletzt den linken Vorderfuß nieder. Das Pferd bewegt sich hier auf dieselbe Art, wie bey dem Galopp zur rechten Hand, nur daß der Antritt mit dem linken Vorderfuß geschieht. Der Reiter hat daher, um das Pferd links in Galopp zu setzen, ganz dieselben Hülfen nöthig, wie bey dem Galopp recht-, nur daß auch diese entgegen gesetzt seyn müssen.

Man fängt an den Schüler links galoppiren zu machen, wenn er in dem Galopp zur rechten Hand geübt ist. Zuerst lasse man ihn im Schritt sein Pferd mehr zusammen nehmen, dann zu gleicher Zeit beyde Schenkel andrücken; so muß das Pferd sich mehr auf das Hintertheil setzen. Der Lehrer hat aber wohl Acht zu geben, daß bey dem Zusammennehmen des Pferdes, der Reiter die Richtung seines Oberleibes und die Tiefe seines Sitzes nicht verliere. Der Schüler muß zu gleicher Zeit, wie er durch Hülfe seiner Schenkel beyde Hinterbeine des Pferdes mehr vortreibt, und durch die Haltung der Hand das Vordertheil zurückhält, wodurch das Pferd gezwungen wird, sich mehr auf das Hintertheil zu setzen, sein Gewicht auch mehr zurücknehmen; dann muß das Pferd seine Hinterbeine mehr biegen, und kann sich auf diese Weise vorne erheben. Der Reiter hat daher bey der Vorbereitung des Pferdes seine Hüften festzustellen, seine Schultern recht zurück und herunter zu senken, und vor Allem den Leib recht herauszunehmen, damit er ja nicht in den gewöhnlichen Fehler verfalle, den die meisten Anfänger annehmen, indem sie bey diesem Zusammennehmen den Leib einziehen und den Rücken krümmen, wodurch sie ihr Gewicht eher vorwärts bringen, als es zurücksetzen.

Jetzt, wenn der Reiter sein Pferd gehörig versammelt hat, wo es sich nun vorne mehr erhebt, halte er es mehr rechts aus, und treibe dann das rechte Hinterbein durch die Hülfe seines rechten Schenkels mehr vor, lasse aber seinen linken nahe am Pferd herabhängen, um, wenn dasselbe, statt mit dem rechten Hinterfuß mehr unterzutreten, seitwärts treten wollte und so die Croupe hereinschöbe, diese durch seinen linken Schenkel zu bewahren. Tritt jetzt das Pferd mit dem rechten Hinterbeine mehr unter, und hat der Reiter es rechts ausgehalten, indem er hier die rechte Schulter vorhält und der linken mehr Freyheit gibt, so muß das Pferd den Galopp links annehmen, wenn

Left rein canter requires the same procedure by the rider as right rein canter, only that all aids used on the right to initiate canter to the right must be used to the left instead of to the right.

In cantering on the left rein, the horse first lifts its left forefoot, then the right forefoot and the left hind foot together, and finally the right hind foot; and so it sets down first the right hind foot, then the left hind and right forefoot together, and finally the left forefoot. The horse moves in just the same way as in right rein canter, but for the fact that the movement starts with the left forefoot. Consequently, the rider needs to apply the same aids for the transition to left canter as he does for right canter, only that these too must be changed from right to left.

The student is only made to canter to the left after he has mastered canter to the right. First let him collect his horse more in walk, then at the same time press with both legs. This makes the horse sit back on his haunches. The teacher must, however, pay attention that in collecting the horse the rider does not lose the position of his upper body and the depth of his seat. The student must take his weight further back simultaneously, as he drives both hind legs of the horse more forward by the aid of his legs, and restrains the forehand with his steady hand position, so that the horse is forced to sit back more on his haunches; then the horse must bend its hind legs more and thus can lift the forehand. In preparing the horse the rider must secure his pelvis and lower his shoulders right back and down and above all push the body out clearly, so that he does not fall into the usual error committed by most beginners whereby in collecting the horse they allow the body to collapse and round their back, which brings their weight forward, instead of shifting it back.

Now, once the rider has properly collected his horse, and it is lifting its forehand more, he should hold it more out to the right and then drive the right hind leg more forwards though the aid of his right leg, but let his left leg hang down near to the horse's side, so that if the horse, instead of stepping under more with the right hind foot, wants to step sideways and thus push the haunches[13] inwards, he prevents this by the use of his left leg. If the horse now steps under more with its right hind leg and if the rider has held the horse out to the right by restraining the right shoulder and giving more freedom to the left, the horse must start left canter,

---

13   TN: as above.

er mit diesen gesammelten Hülfen gerade dann, wenn das Pferd das rechte Hinterbein niedersetzt, beyde Schenkel andrückt, und die Hand nachgibt.

Hier hat der Lehrer, um den Schüler zu unterstützen, in demselben Moment das Wort »Galopp« hören zu lassen, wenn der rechte Hinterfuß niedertritt; wendet nun der Reiter zu gleicher Zeit die angegebenen Hülfen an, so muß das Pferd links einspringen.

In diesem Galopp muß der Schüler eben so geübt werden, wie in dem Galopp zur rechten Hand. Er braucht diese Übung um so mehr, da bey den meisten Pferden der Galopp zur linken unbequemer ist, als der zur rechten Hand, und wenn auch das nicht wäre, so ist doch dieser linke Galopp eine dem Anfänger noch ungewohnte Bewegung. In Rücksicht der Haltung seines Oberleibes und der Lage seiner Schenkel hat der Reiter dasselbe zu beobachten, wie beym Galopp rechts.

Wenn nun der Reiter im Galopp zu beyden Händen gehörig geübt ist, so fängt man an, ihn, wie im Trab, kleine Touren galoppiren zu lassen. Hier ist zu beobachten, daß im Anfange diese Touren nicht zu enge seyn dürfen, und daß bey der Wendung selbst, die auf dieselbe Art wie im Trab geschieht, der Reiter Hand und Schenkel eben dann gebrauche, wenn das Pferd den Sprung beginnt, d. h. daß er auch gerade dann den Anzug des innern Zügels verstärke und die Hülfe des auswendigen Schenkels anwende, wenn das Pferd seinen auswendigen Hinterfuß niedersetzt und den Sprung beginnt. Der Lehrer muß hier noch eben so, wie beym ersten Anreiten in Galopp dem Schüler das Tempo angeben, indem er, wenn der auswendige Fuß niedertreten will, ein bestimmtes Wort ausspricht, worauf der Reiter sogleich seine Hülfen anwendet. Dieses ist in der Wendung beym Galopp um so nöthiger, da hier das Pferd mit dem auswendigen Hinterbeine mehr noch unter die Mitte des Leibes treten muß, um die Rundung, die es in der Wendung zu nehmen hat, hervorzubringen. Was die Richtung des Oberleibes und besonders des eigenen Gewichtes betrifft, so ist hierbey dasselbe zu beobachten, worauf überhaupt bey der Wendung zu sehen ist, nur daß hier das Gewicht des Reiters abwechselnd hereingerichtet werden darf, da der Reiter bey jedem beginnenden Sprunge sein Gewicht mehr gleichmäßig zurückhalten muß, damit der auswendige Hinterfuß richtig unter das ganze Gewicht von Pferd und Reiter treten könne.

Sobald diese Touren, im Anfange weiter, richtig ausgeführt werden können, dann dürfen sie auch immer enger geritten werden, doch nur in dem Verhältnisse als das Pferd nach seiner Geschicklichkeit es im Stande ist, welches zu beurtheilen das besondere Augenmerk des Lehrers seyn wird. Pferde, die im Galopp sich mehr auf dem Hintertheile halten können, sind

if the rider presses with both legs and gives with the hand, applying all these collected aids just at the moment when the horse sets down the right foot.

To help the student, the teacher should say "canter" at the moment when the right hind foot steps down; if the rider now applies the aids described at the same time, the horse must strike off in canter to the left.

The student must become as proficient in this canter as in the canter to the right. He needs this practice all the more as canter left is more uncomfortable for most horses than canter right, and even if this were not the case, this canter to the left is as yet an unusual movement for the rider. The rider should maintain the same upper body position and leg position as for canter to the right.

When the rider is equally proficient at cantering on both reins, he can begin to be allowed to canter small circles as in trot. It should be observed here that at the beginning these circles must not be too small and that in the turn itself, which takes place in the same way as at trot, the rider should use the hand and leg at the moment when the horse begins the leap, that is that the rider should strengthen the pull on the inside rein and apply the outside leg aid at the moment when the horse sets down its outside hind foot and begins the canter stride. The teacher must, just as in the first canter transition, indicate the timing to the student, by saying a particular word whenever the outside foot is set down, upon which the rider immediately applies his aids. This is all the more necessary when turning in canter, as the horse has to step further under the centre of its body with the outside hind leg, in order to produce the bend that it has to adopt in turning. With respect to the upper body position and especially the rider's weight, the same must be observed in turning, except that in this case the rider's weight may be directed inwards alternately, as with the beginning of each stride the rider must hold his weight back more evenly, so that the outside hind foot may step correctly under the entire weight of horse and rider.

As soon as these circles, larger at the beginning, are performed correctly, they may be ridden increasingly smaller, but only to the extent to which the horse is capable according to its ability, to which the teacher will pay particular attention.

eher im Stande, in demselben engere Touren anzunehmen, als jene, welche nicht einen so zusammengehaltenen Galopp gehen können, so wie auch die erstem zum Wechseln im Galopp mehr geeignet sind.

VOM WECHSELN IM GALOPP

Kann der Reiter sein Pferd auf beyden Händen, d. h. sowohl rechts als links auf Befehl richtig einsprengen, so kann man mit ihm zu dem Wechseln aus einem Galopp in den andern übergehen. Wir wollen daher nur die Methode aufstellen, wie man den Schüler dahin anleite, daß er sein Pferd aus einem Galopp in den andern in fortgesetztem Tempo übergehen machen könne.

Nach der Idee von der Bewegung des Pferdes im Galopp muß dasselbe, wenn es von einem in den andern übergehen soll, plötzlich die ganze Folge seiner Beine aufeinander verändern, daher auch der Reiter seine Hülfen in demselben Momente wechseln muß. Es ist begreiflich, daß, um dieses richtig auszuführen, von Seite des Reiters ein genaues Gefühl und richtige Anwendung seiner Hülfen, von Seite des Pferdes aber eine genaue Folgsamkeit vorausgesetzt werden muß, welches erstere von dem Schüler jetzt noch nicht verlangt werden kann. Um ihn nun doch dahin zu bringen, ist die beste Methode diese:

Man läßt ihn, wenn er z. B. aus dem Galopp rechts in jenen links übergehen soll, zuerst sein Pferd rechts ansprengen, und dann, nachdem das Pferd den Galopp richtig und gleich gegangen ist, es einige Schritte vor der Stelle, wo es links galoppiren soll, pariren, und bis zu der bestimmten Stelle im Schritte gehen, wo er es dann, wie er da angelangt ist, gleich in den Galopp links ansprengt. Dieses wiederhohlt man durch einige Lektionen, indem man, wenn das Pferd immer richtig den Galopp links angenommen hat, die Schritte, welche es bis zu jener Stelle, wo es links eingesprengt wird, gehen soll, immer mehr vermindert, so daß zuletzt nur Ein Schritt den Übergang von dem Galopp zur rechten zu jenem zur linken Hand macht.

Durch dieses allmählige Nähern zu dem augenblicklichen Übergange aus einem Galopp in den andern, wird der Reiter gewohnt, immer schneller seine Hülfen zu wechseln. Man muß aber beobachten, daß der Zwischenraum recht ruhig im Schritt geritten werde, und hauptsächlich, daß das Pferd aus dem Galopp rechts, so wie es angehalten wird, im Schritt zu gehen, diesen gleich ohne sich aufzuhalten, fortgeht, auch daß der Reiter dem Pferde gleich die Stellung gebe, die es nöthig hat, um links zu galoppiren, endlich muß der Reiter auch ruhig den Galopp links einsprengen.

Horses that can hold their position more on the hindquarters in canter are more able to perform smaller circles in that gait than those which cannot canter with the same degree of collection, just as the former are more suited to changes at canter.

CANTER CHANGES

Once the rider can make the horse strike off in canter on both reins, that is both to the right and to the left on command, he can make the horse change from one rein in canter to the other. We therefore wish merely to present the method of how to guide the student to be able to make his horse change from one rein to the other in canter in a consistent rhythm.

In accordance with the idea of the movement of the horse in canter, when it has to change from one rein to the other, it must suddenly alter the entire sequence of its legs all at once, and so the rider must change his aids at the same moment. It is understandable that to perform this correctly a precise feel and correct use of the aids are required on the part of the rider; while the horse, for its part, is required to show a certain degree of submission; such a degree of precision cannot yet be expected of the student, but the following is the best method to bring him to this point.

For example, if the student has to change from canter right to canter left, he must first be asked to make the horse strike off in canter right and then once the horse is cantering correctly and evenly, he should halt the horse a few strides before the place where it is supposed to canter left, and walk to the appointed place, where he then, arriving at that spot, immediately strikes off in canter left. This is repeated several times, whereby once the horse has always struck off in the left canter correctly, the strides of walk that it makes to the place where it has to canter to the left are progressively reduced, so that, finally only one stride is needed to make the transition from canter right to canter on the left rein.

Through this gradual approach towards instantaneous change from one canter rein to the other, the rider becomes accustomed to changing his aids increasingly quickly. It must, however, be observed that the intervening phase is ridden quite quietly in walk and above all that, as the horse is stopped from cantering to the right and proceeds at walk, it does not halt, but continues forward and also that the rider immediately gives the horse the position that it needs to canter to the left, and finally the rider must quietly ask for the transition to canter to the left.

Es ist um so nöthiger, daß dieses Alles ruhig geschehe, weil sonst leicht der Reiter und das Pferd sich in den Hülfen irren können; es folgt auch daraus, daß der Reiter immer, um sein Pferd in einen oder den andern Galopp einzusprengen, dasselbe in der Stellung vorbereitet haben muß.

Das eigentliche Wechseln, wo der Übergang des einen in den andern Galopp ohne eine Zwischenbewegung geschieht, so daß der eine Galopp aus dem andern entspringt, und wozu der Schüler jetzt nur vorbereitet worden ist, geschieht nun auf folgende Art:

Vergleicht man die Bewegung des Pferdes in dem verschiedenen Galopp, d. h. durch die Hand verschieden, nähmlich den Galopp rechts und links, so sieht man, daß immer das auswendige Hinterbein den Sprung des Galopps bildet, und daß in der Fortsetzung dieser Sprünge eben dieses auswendige Hinterbein am meisten den Galopp bestimmt. Betrachtet man weiter noch das jedesmahlige Verfahren in dem Ansprunge, so sieht man, daß das ganze Pferd gerichtet seyn muß, um diesen oder jenen Galopp anzuspringen.

Das Pferd muß immer zuerst versammelt und erhoben seyn, dessen auswendige Schulter etwas zurück gehalten und der inwendigen mehr Freyheit gegeben werden, eben so muß auch das auswendige Hinterbein mehr untergesetzt seyn, dann geschieht erst, wenn es niedertreten will die Anwendung aller Hülfen in Galopp. Hieraus läßt sich schon schließen, was bey der Wechslung zu thun ist. Es kann hier nur die Rede seyn von einem ruhigen Übergang aus einem Galopp in den andern, und nicht von dem gewaltsamen Herumwerfen, wo das Pferd gezwungen wird, wenigstens mit dem Vordertheil zu wechseln, um nicht zu fallen. Aus dem Vorgesagten wollen wir nun das eigentliche Verfahren des Reiters, um richtig aus einem Galopp in den andern überzugehen, herleiten. Das Pferd muß seine ganze Stellung und die Folge der Beine auf einander verändern, um den andern Galopp anzunehmen; der Reiter muß daher das Pferd nach und nach, indem er noch in dem ersten Galopp ist, schon richten, so daß es bey der Anwendung seiner Hülfen gleich den andern Galopp annehmen kann. Zum Beyspiel: das Pferd galoppirt rechts, und der Reiter will es an einer bestimmten Stelle in den Galopp links übergehen machen. So lange er rechts galoppirt gibt er dem Pferde immer die Hülfe zum weitern Untersetzen des linken Hinterbeines und erhebt auch immer die rechte Schulter des Pferdes; so wie aber nun das Pferd links galoppiren soll, muß er das rechte Hinterbein des Pferdes zum Untersetzen antreiben, und die linke Schulter erheben. Er muß daher, um sein Pferd aus dem Galopp rechts in den links ohne Aufenthalt übergehen zu machen, dasselbe auf folgende Art vorbereiten.

It is all the more necessary that all this occurs quietly, as otherwise the rider and horse may make mistakes in the aids; it also follows that the rider must always have prepared the horse's position in order to ask it to strike off in one canter or the other.

The actual change, where the change from one canter lead to the other occurs without an intermediate phase, so that one canter lead arises from the other, and for which the student has so far only been prepared, now takes place as follows.

If one compares the movement of the horse in either canter lead, that is on either rein, that is canter to the right or to the left, one can see that the outside hind leg always initiates the canter stride, and that in the continuation of these leaps this outside hind leg also determines the canter the most. If one now further considers the process repeated each time at the initiation of the stride, one can see that the entire horse must be positioned in order to adopt one canter lead or the other.

The horse must always first be collected and lifted, its outside shoulder held back slightly and the inside shoulder given more freedom, and the outside hind leg must be placed more underneath the horse. Only then when the horse is stepping down are all the aids applied. It can thus be concluded what must be done to perform the change. It can only be a matter of a quiet change from one canter lead to the other, and not of a violent reversal in which the horse is forced to change at least with the forehand in order to avoid falling. We will now draw upon the foregoing to work out the actual procedure of the rider to change correctly from one canter to the other. The horse must change its entire position and sequence of its legs all at once in order to adopt the other canter lead; the rider must therefore guide the horse gradually while he is still on the first canter lead so that it can adopt the other canter lead immediately when the rider applies his aids. For example: the horse is cantering to the right, and the rider wants to make it change to the left canter at a particular spot. As long as he is cantering to the right, he gives the horse the aids for continuing to place his left hind leg under his body and also continues to raise the right shoulder of the horse; whereas when the horse should canter to the left, the rider must cause the right hind leg to step underneath the horse's body and to lift the left shoulder. He must therefore prepare the horse in the following manner so as to make the horse change from right to left canter without stopping.

Einige Sprünge vor der bestimmten Stelle, wo er wechseln will, lasse er den auswendigen Zügel, den er immer noch gebraucht hat, um die auswendige Schulter zurück zu halten, und das Pferd mehr auf die auswendige Hüfte zu setzen, mehr nach; dadurch bekömmt die inwendige Schulter mehr Freyheit, das inwendige Hinterbein, welches hier immer noch das rechte ist, kann mehr untertreten, und jetzt in dem Augenblicke, wo das inwendige Hinterbein untertreten will, gebe er plötzlich alle Hülfen zum Galopp links. Die linke Schulter hat schon mehr Freyheit erlangt, der Reiter braucht daher nur die rechte Schulter zu verhalten, das Pferd mehr auf die rechte Hüfte zu setzen, und nun durch Anlegung beyder Schenkel, dasselbe zum Sprunge anzutreiben, so muß es den Galopp links richtig annehmen. Bey kräftigen Pferden, und wenn der Reiter Gefühl genug hat, alle Hülfe der Hand und der Schenkel in dem Momente zu wechseln, wo das Pferd das inwendige Hinterbein niedersetzen will, ist diese Vorbereitung nicht nöthig; besser aber und sicherer ist sie immer, denn es gehört sehr viel Kraft und Haltung des Pferdes, und sehr viel Richtigkeit von Seite des Reiters dazu, um diese plötzliche Wechslung, ohne Übereilung, in der gehörigen Ruhe auszuführen.

Bey der angegebenen Wechslung versteht es sich von selbst, daß der Reiter die Richtung seines Gewichtes nach den gegebenen Regeln, die hierauf bey jedem Galopp Bezug haben, auch wechseln müsse, besonders in dem Moment der Wechslung selbst; er muß also, wenn er sein Pferd von der rechten zur linken Hand im Galopp wechselt, sein Gewicht, das bisher immer auf dem linken Hinterbeine ruhte, nun auf das rechte setzen.

Es war hier noch immer die Rede von der Wechslung aus der geraden Linie; diese Wechslung im Galopp kann aber auch, wie beym Trab, in der nähmlichen Direction in der kleinen Tour geschehen, nur muß dabey noch mehr Genauigkeit beobachtet werden, besonders in der veränderlichen Stellung des Pferdekopfes. Übrigens wird, wenn der Reiter richtig seine Hülfen wechselt, die Wechslung an und für sich, durch die Wendung erleichtert, indem z. B. beym Galopp rechts in der kleinen Tour das Pferd schon mehr auf das inwendige jetzt rechte Hinterbein sein Gewicht legen muß, als auf der geraden Linie, wodurch dann schon die Wechslung vorbereitet ist, insoweit das Pferd hier mehr auf die rechte Hüfte sich stellt; nur verlangt die richtige Verwendung seines Gewichtes von Seite des Reiters hier mehr Genauigkeit, um das Pferd nicht vor der Zeit wechseln zu machen. Es kann gegenwärtig nur die Rede seyn, auf welche Art die Wechslung eigentlich begonnen werden soll, da es sich von selbst versteht, daß der Lehrer zu beurtheilen im Stande seyn muß, ob das Pferd kräftig, und der Reiter geschickt genug

A few strides before the determined spot where the rider wishes to change he should allow more with the outside rein which he has been using to restrain the outside shoulder and to place the horse more onto its outside hip; in this way the inside shoulder should get more freedom, the inside hind leg which in this case is still the right hind leg can then step more under the horse, and now in that moment when the inside hind leg is about to step under, the rider should suddenly give all the aids for left canter. The left shoulder has already been given more freedom and the rider therefore only needs to control the right shoulder, place the horse more onto the right hip, and now by applying both legs, cause the horse to spring, and so it must adopt left canter correctly. With strong horses and if the rider has enough feel to change all the aids of the hand and legs at the very moment when the horse is setting down its inside hind leg, this preparation is not necessary; but it is always better and more certain, as much strength and positioning of the horse and a great deal of accuracy by the rider are involved to perform this sudden change without excessive hurry and with the appropriate calm.

It goes without saying, in the change described above, that the rider must also change the direction of his weight in accordance with the proper rules applying to all riding at canter, in particular in the moment of the change itself. He must therefore, when changing his horse from the right to the left lead in canter, move his weight that until then was still on the left hind leg to the right hind leg.

Here we have still been describing changing on a straight line; this change in canter can nevertheless take place also, as in trot, in a particular direction on a small circle, in which case, however, even greater accuracy must be observed, especially with regard to the change in position of the horse's head. Furthermore if the rider changes his aids correctly the change will essentially be made easier through the bend, as, for example in canter to the right on a small circle, the horse must already put its weight more on the inside right hind leg than it does on a straight line and in this way it is already prepared for the change insofar as the horse is placed more on its right hip; however greater accuracy is now required in the correct use of the weight of the rider in order to avoid the horse changing before it should. At this time it can only be a matter of the manner in which the change is to be begun, as it goes without saying that the instructor must be capable of judging whether the horse has become strong enough and the rider skilled enough

geworden ist, von einem Galopp in den andern zu wechseln. Ob dieses der Fall sey oder nicht, wird am leichtesten aus der Art zu ersehen seyn, wie der Reiter das Pferd in den einzelnen Galopp einsprengt, und wie letzteres denselben annimmt. Es bleibt daher nur noch zu bemerken, daß man mit Vortheil nach jedem geendigten Galopp das Pferd einige Schritte zurück treten lasse, wenn es in demselben auseinander gegangen ist, wo es dann durch dieses Zurücktreten sich wieder mehr versammeln muß; auch ist dieses eine nothwendige Vorbereitung zu dem Pariren oder Anhalten des Pferdes auf der Stelle aus dem Galopp, worin nun der Schüler auch unterrichtet werden muß.

Um dieses Pariren ihm zu erleichtern, und besonders um ihn dahin zu bringen, daß er es ganz richtig bewerkstelligen könne, ist es nöthig, daß man ihm die richtige Vorstellung der Parade selbst beybringe.

Nach den Begriffen, welche der Reiter schon vom Anhalten des Pferdes im Schritt hat, kann er sich vorstellen, daß die Bewegung der Hinterbeine des Pferdes aufhören muß, wenn dasselbe anhalten soll, und daher sein Verfahren bey der Parade hauptsächlich auch darauf zielen müsse. In den Gängen, wo das Pferd sein Gewicht mehr gleich vertheilt (wie im Schritt und im Trab), brauchte der Reiter nur das eben zum Vortreten sich anschickende Hinterbein des Pferdes zurückzuhalten, dieses Aushalten noch im Tempo fortdauern zu lassen, und das Pferd mußte stille stehen. Dieses ward ihm um so leichter, da in diesen Gängen die ganze Schwere des Pferdes, mehr vertheilt, von einem auf den andern Fuß fortgehoben wird; im Galopp aber, wo das Pferd den wirklichen Sprung macht, so daß es seine Schwere einmahl auf das Hintertheil zurückzieht, und dann plötzlich durch die Anstrengung seine Hinterbeine wieder vorschnellt, muß das Anhalten des Pferdes ganz anders bewirkt werden. Das Pferd muß hier, um richtig, d. h. ohne aus seiner Stellung zu kommen, auf der Stelle zu pariren, das auf das Hintertheil geschobene Gewicht eine Zeitlang auf den Hinterbeinen halten, und so ruhig das erhobene Vordertheil niedersetzen. Es wird daher zu dieser Parade mehr Biegung des ganzen Hintertheils und eine größere Versammlung des Pferdes erfordert, als zu den gewöhnlichen Paraden aus dem Schritt und Trab nöthig ist.

Bey der Parade aus dem Galopp ist also eine Vorbereitung noch selbst im Fortschreiten nöthig. Der Reiter muß, wenn sein Pferd nicht einen sehr zusammengehaltenen Galopp geht, dieses mehr versammeln, bevor er pariren will; dabey ist dasselbe zu beobachten, was schon über das Versammeln im Galopp selbst gesagt worden. Ist dieses geschehen, dann ist in dem Moment, wo das Pferd das auswendige Hinterbein niedersetzen will, der wahre

to change from one canter to the other. Whether this is the case or not, will be easiest to see from the manner in which the rider makes the horse canter on each leg and how the horse adopts the canter. It therefore only remains to note that it can be of benefit after the end of each canter to have the horse make a few steps in rein back, if the horse has become stretched out in the canter, as it must then collect itself more again through this rein back; this is also a necessary preparation for checking or halting the horse on the spot from canter, in which the student must also now be trained.

To make this halting easier, and in particular to bring the rider to the point where he can perform the exercise totally correctly, he must be taught the correct concept of the halt itself.

According to the concepts which the rider already has of halting the horse from walk, he can understand that the movement of the hind legs must stop if the horse is to halt, and that his procedure in halt must therefore be aimed principally at this. In the gaits in which the horse distributes its weight more evenly (such as in walk and trot), the rider only needed to restrain the hind leg that was just about to step forward, and to maintain this restriction in the tempo for a while and the horse had to stop. This became all the easier for him as at these gaits the entire weight of the horse, being more distributed, is lifted from one foot to the other. However in canter, where the horse makes an actual leap, so that it draws its weight at a certain point onto its hindquarters, and then suddenly with the effort accelerates its hind legs forwards, halting the horse must be achieved quite differently. In this case the horse must hold the weight taken on the hindquarters for a while on the hind legs in order to halt on the spot correctly, that is without coming out of its outline, and thus set the raised forehand down quietly. For this halt, therefore greater flexing of the entire hindquarters and greater collection of the horse are required, than are needed for the usual halts from walk or trot.

To halt from canter, therefore, preparation is needed even while moving forward. If his horse is not cantering in a very collected way, the rider must increase the collection of the horse before he wants to halt. In this procedure the same things must be observed as have already been said about collection in canter. If this has happened, then the very moment when the horse is going to set down its outside hind leg is the correct instant to halt it correctly.

Zeitpunkt, um es richtig zu pariren. Sollte der Reiter noch nicht geschickt genug seyn, um diesen Moment selbst zu fühlen, so muß ihm der Lehrer denselben durch das Wort: »Halt«, welches er eben dann ausruft, angeben.

VON DER CARRIERE

Die Carrière ist nach dem eigentlichen Begriffe ein so ausgedehnter Galopp, daß die drey gewöhnlichen Momente des Galopps nur zwey werden, so daß das Pferd mit beyden Vorderfüßen zugleich sich erhebt, seine ganze Masse auf die Hinterbeine wirft, und durch das gleichzeitige Erheben derselben, sie wieder vorschnellt. Auf diese Weise läuft der starke Renner in fortgesetzten weiten Sprüngen; das gewöhnliche Pferd jedoch, behält in der Carrière die Momente des Galopps bey, also daß die Carrière nur der schnellste Galopp ist, den das Pferd zu laufen vermag. Das Verfahren des Reiters ist bey dem Anfange der Carrière dasselbe, wie beym Ansprengen in den Galopp, weil die Carrière dasselbe, was der Galopp ist, und das Pferd hier nur, um seine Schritte zu beschleunigen, mehr angetrieben werden muß, indem der Reiter seine Hülfen zum Aneifern des Pferdes verstärkt, übrigens aber nur auf seine Haltung mehr Acht hat, da diese Bewegung viel stärker gegenwirkend ist, als die des gewöhnlichen Galopps. Seine Führung aber muß hier verändert werden, doch nur in so weit, daß das Pferd mehr Freyheit erhält, seine Schritte zu erweitern und sich überhaupt mehr auszudehnen, was das Pferd besonders nöthig hat, um die Carrière auszulaufen, ohne dasselbe jedoch mit schlaffen Zügeln gehen zu lassen.

Da das Pferd zu diesem Gange sich ganz ausstreckt, so ist es, ohne ihm zu schaden, nicht möglich, dasselbe auf der Stelle zu versammeln, damit es stehen bleiben kann; daher soll in der Carrière keine plötzliche Parade Statt finden, sondern der Reiter muß einige Sprünge vor der Parade die Carrière mäßigen, so daß das Pferd in den Galopp übergeht, und dann erst pariren. Dieses Übergehen oder dieses Mäßigen der Carrière wird auf dieselbe Art bewirkt, wie die Parade im Galopp. Bey dieser Ausdehnung kann aber das Pferd nie eine gehörige Biegsamkeit in seinem Hintertheile behalten, darum muß die Parade immer härter für den Reiter werden. Er wird mehr erschüttert, und kann leicht vorgeworfen werden, weßwegen er mehr noch, als bey der Parade im Galopp auf seine Haltung Acht zu geben hat. Sonst ist in Rücksicht dieser Haltung dasselbe zu beobachten, wie bey der gewöhnlichen Parade aus dem Galopp; um aber derselben besser versichert zu seyn, ist es für den Reiter am vortheilhaftesten, wenn er seine Hüften etwas zurück richtet, so

If the rider is not yet sufficiently skilled to feel this moment himself, the instructor must indicate it to him by calling out the word "halt."

THE GALLOP

The gallop is, according to current thought, such an extended canter that the three usual strides of the canter become only two, so that the horse lifts itself with both forelegs at once, puts its whole weight on its hind legs and through the simultaneous lifting of the hind legs moves them quickly forward again.[14] In this way a fast racer gallops in continuous leaps; however the normal horse retains in the gallop the stride of the canter so that the gallop is only the fastest canter that the horse can perform. The procedure of the rider is the same at the beginning of the gallop as at the transition to canter, because the gallop is the same as the canter, and the horse needs only to be driven more strongly forward in order to make him stride more quickly, as the rider strengthens his aids to encourage the horse, but otherwise also only pays more attention to his posture, as this movement is much more affecting than the movement of the normal canter. The rider's aids must however be changed, but only to the extent that the horse is given more freedom to extend its strides and generally to stretch out, which the horse needs especially in order to perform the gallop, without however letting it be performed with loose reins.

As the horse stretches itsself out fully in this gait, it is not possible to collect the horse on the spot without damaging it so that it can halt; accordingly in the gallop there should be no sudden halt, but the rider must moderate the gallop a few strides before the halt so that the horse makes a transition to canter, and only then to halt. This transition or this moderation of the gallop is done in the same way as the halt in canter. However, with such a level of extension, the horse cannot ever maintain an appropriate flexion in its hindquarters; for this reason the halt becomes all the more difficult for the rider. He will be more shaken and can easily be thrown forward and that is why he must pay even more attention to his position than in the halt from canter. Otherwise the same should be observed with regard to position as in the usual halt from canter; however, to be more sure of this it is most beneficial to the rider if he tilts his pelvis <u>slightly back</u>

14   TN: This was the understanding at the time of writing. The correct sequence of the gallop was not known until the end of the nineteenth century with the advent of photography.

daß sie seine Gegenhaltung gegen den Stoß des Pferdes, der immer nach vorne geschieht, ausmachen; zu gleicher Zeit muß er jedoch auf die Richtung seiner Hand wohl achten, denn je nachdem diese gerichtet ist, kann er auch die angegebene Stellung der Hüften behalten.

Dieselbe Richtung der Hand, welche bey jedem Anhalten zu beobachten ist, findet auch hier Statt; hauptsächlich muß aber der Reiter Acht haben, daß seine Schultern nicht vorgezogen, und die Ellbogen nicht geöffnet werden; sondern die Schultern müssen zurückgesenkt werden, um den Hüften noch mehr Festigkeit zu geben; darum müssen auch die Ellbogen geschlossen bleiben: denn sonst kann dieses Senken der Schultern nicht ausgeführt werden.

DRESSUR DES ROHEN UNBEARBEITETEN PFERDES

Die Forderungen, die man an das dressirte Pferd unbedingt machen muß, sind Vertrauen und Gehorsam.

Die ersten Eindrücke, welche das rohe Thier bey der ersten Behandlung von dem Menschen empfängt, haben meistens das Vertrauen und dadurch den wahren Gehorsam, oder das Gegentheil — je nachdem diese erste Behandlung beschaffen ist — zur Folge.

Alle Widersetzungen, die das Pferd unternimmt, rühren entweder von Furcht vor dem Menschen, oder von Unkenntniß dessen, was der Mensch von ihm verlangt, oder auch von dem Unvermögen her, das zu leisten, was entweder zu viel, zu früh, oder auch wohl zu oft verlangt wird.

Nur wenn das Pferd Vertrauen zu dem Menschen erlangt hat, fängt es an zu erkennen, was von ihm rücksichtlich der Dressur gefordert wird, und diese kann nun erst das Pferd vermögend machen, so Manches zu leisten, was das unbearbeitete Pferd nicht im Stande wäre.

Wenn diese Leistungen, bis zur höchsten Anstrengung, ganz von dem Willen des Reiters abhängen, ist das Pferd wahrhaft gehorsam.

Das Pferd kann erst dann vollkommen geneigt seyn zu gehorchen, wenn der Wille des Reiters ihm verständlich gemacht, und es zu folgen fähig ist. Dieses ist die Aufgabe für die Dressur rücksichtlich der Reitkunst.

Die Dressur in Rücksicht des ersten Vertrautmachens, vorzüglich bey menschenscheuen Pferden (gleichviel ob aus Rohheit, oder wegen früherer

so that it supports his position against the pressure of the horse which is always pushing forward; at the same time, he must pay attention to the direction of his hand, as according to how this is positioned he can maintain the appropriate position of the pelvis.

The same position of the hand as is maintained at all halts is observed here too; however the rider must mainly pay attention that his shoulders are not pulled forward, and the elbows are not opened; but the shoulders must be taken back and down, so as to give the seatbones more security; for this reason the elbows must also remain closed; as otherwise this lowering of the shoulders cannot be performed.

TRAINING THE GREEN UNTRAINED HORSE

The requirements of the trained horse are trust and obedience.

The first impressions that the green animal receives from his first handling by man mostly result in trust, and through trust true obedience, or the opposite – all according to the nature of this first handling.

All resistance that the horse undertakes stems from fear of man, or from ignorance of what man wants of the horse, or alternatively from inability to perform what is required, whether too much, too early or, quite likely, too often.

Only when the horse has achieved trust in humans will it begin to recognise what is being asked of it with regard to training and will such training enable the horse to perform so many things of which the untrained horse would be incapable.

When this performance right up to the highest level of effort is entirely dependent on the will of the rider, the horse is truly obedient.

The horse can only then be totally inclined to obey once the wishes of the rider have been made comprehensible to it and once it is capable of following these wishes. This is the task of training in respect of the art of equitation.

Training with regard to the first gaining of confidence, particularly with people-shy horses (whether from greenness, or from previous handling) is

übler Behandlung), gehört eigentlich zur Stallbehandlung, und schlägt wohl in die Lehre über Wartung und Pflege ein; da es aber von so vieler Bedeutung ist, wie das rohe, menschenscheue, ja selbst das vollkommen gerichtete Pferd im Stalle behandelt wird, so kann die Methode, welche die eigentlich wahre ist, nicht genug wiederhohlt werden, und ich kann es nicht unterlassen, wenn auch nur in gedrängter Kürze, mit den triftigsten Gründen sie hier einzuschalten.

Zu sehr lehrt es eines jeden beobachtenden Reiters Erfahrung, daß eine rüde oder grausame Behandlung im Stalle, auch das sonst willigste Pferd zu jeder Arbeit unwillfährig machen kann, so daß der beste Reiter, trotz aller Geschicklichkeit z. B. heute mit dem auch ganz gerichteten Pferde selbst die gewohnten Übungen nicht in solcher Vollkommenheit ausführen kann, weil der Wärter das Pferd im Stalle mißhandelt hat. Um so mehr ist dieses der Fall bey jungen, menschenscheuen, oder sehr empfindlichen geistigen Pferden, worunter vorzüglich Pferde von höherem Blute oder edler Race gehören.

Je mehr sich der Mensch mit dem rohen Pferde gemüthlich beschäftiget, desto eher wird es vertraut. Wiederhohltes Futter-Darreichen bey dem noch menschenscheuen Pferde, auch wohl Verlängerung der Zeiträume von einer Fütterung bis zur andern, um das Pferd desto begieriger auf das Futter zu machen, dann aber häufiges Annähern mit freundlich sanfter Stimme und vorzüglich ruhigem gehaltenen Wesen, sind die besten Mittel, ein jedes Pferd vertraut zu machen. Kein Thier gewöhnt sich so sehr an die Stimme des Menschen, und keines erkennt denselben so bald in seinem Vorhaben, als das Pferd.

Schon der alte erfahrene Max von Fugger sagt: »Der Mensch, das Pferd und der Elephant sind die verständigsten Thiere.«

Ein ruhiges, gehaltenes Wesen ist daher immer sowohl des Wärters als des Abrichters erstes Erforderniß, und dieses um so mehr, je edler und geistiger das Pferd, weil es in eben dem Grade auch empfindlicher und verständiger ist. Jeder, der irgend ganz rohe Pferde zu behandeln gehabt hat, wird sich überzeugt haben, daß je ruhiger und furchtloser der Mensch an das Pferd heran geht, desto weniger Gefahr er auch ausgesetzt ist, weil diesem ruhigen, gehaltenen, furchtlosen Benehmen sich jedes Pferd am ersten annähert. Also, und es ist nicht oft genug zu wiederhohlen, ja es sollte über jeder Stallthüre geschrieben, in jeder Stallordnung, jedem Stallbefehle wiederhohlt werden: Ruhige, furchtlose Haltung, mit freundlicher Geduld verbunden, bleiben immer, sowohl bey dem ganz rohen, als auch bey dem dressirten Pferde, die unbedingten Forderungen sowohl an den Wärter als auch an den Abrichter.

actually part of stable handling and probably belongs in the study of care and husbandry; as it is, however, of such great importance, how the green, people-shy, and even the fully trained horse is handled in the stable, the method which is actually the correct one cannot be repeated enough, and I cannot omit the most important principles, albeit in condensed form.

It is all too often clear from any observant rider's experience, that rough or unpleasant handling in the stable can make even the otherwise most willing horse unwilling to do any work, so that the best rider, despite all his skill, for example, on a given day with even a fully trained horse cannot even perform the usual exercises to a good standard, because the groom has mishandled the horse in the stable. This is all the more the case with young, people-shy or very sensitive, spirited horses, which mainly includes horses of finer breeding or noble race.

The more pleasantly the human handles the green horse, the sooner it will become accustomed to him. Repeated offering of feed with horses that are still people-shy, also prolonging the intervals from one feed to the next in order to make the horse all the more eager for its feed, and then also frequently approaching with a soft, friendly voice and preferably calm behaviour are the best ways to engender trust in any horse. No other animal becomes so accustomed to the human voice, and none recognises his intent as quickly as the horse.

As Max von Fugger, a man of many years' experience, says, man, the horse, and the elephant are the animals with the greatest powers of understanding.

Quiet, calm behaviour is therefore always the first requirement both of the groom and the trainer, and all the more so, the nobler and more spirited the horse, precisely because it is that much more sensitive and quick to learn. Anyone who has had to handle any completely green horses will be convinced that the more quietly and fearlessly the human approaches the horse the less danger he is exposed to, because each horse responds above all to this quiet, calm, fearless behaviour. Therefore, and it cannot be repeated often enough, and indeed it should be written over every stable door, and repeated in all stable regulations and orders that quiet, fearless behaviour, combined with friendly patience remain always, both with the completely green and with the trained horse, the indispensable requirements of both the groom and the trainer.

Diese Dressur im Stalle, oder das erste Vertrautmachen muß nun nothwendig der eigentlichen Dressur vorangehen, und immer Hand in Hand sie unterstützen. So muß hier schon das Pferd an den ersten Zaum, an das erste Gurten gewöhnt werden. Am besten für das Ertragen des Sattels dient eine anderthalb Schuh breite Gurte mit drey Schnallen und Strupfen, die dann, nach und nach angezogen, das Pferd allmählig an das Gurten gewöhnet; auch kann das Pferd diese breite Gurte nicht sprengen, wenn es sich dagegen wehren sollte, was es so gerne wieder versucht, wenn es ihm einmahl gelungen ist. Diese Gurte muß außerdem drey fest genähte Ringe haben, einen in der Mitte, und zwey an beyden Seiten, ungefähr eine starke Spanne von dem Mittelringe; man legt dann die viereckig zusammen gefaltete Stalldecke unter die Gurte, und das Pferd nimmt nach kurzer Zeit den Sattel ohne allen Widerstand au. Das Angurten muß aber immer nur gradweise geschehen; im Anfange läßt man die breite Gurte nur so viel anziehen, daß sie sich nicht umkehren kann, dann aber nach und nach eine Strupfe nach der andern fester werden, da im entgegengesetzten Falle, wenn die Gurte gleich vom Anfange fest angezogen würde, das Pferd, zur Widersetzung gereitzt, lange Zeit, oft wohl für immer Furcht vor dem Angurten behalten kann; — die Ursache des so häufigen Aufblähens der Pferde bey Anziehung der Gurten.

Die Gurte darf im Anfange nur die ganzen oder wahren Rippen umfassen, und die Hintere Strupfe muß immer lockerer gehalten werden, je mehr sie die falschen Rippen berührt.

Der erste Zaum ist wohl der sogenannte Kappzaum (Caveçon). Diese bekannte Zäumung muss so aufgelegt werden, daß das Nasenstück auf die festeren Theile des Nasenbeines zu liegen kömmt, damit seine Wirkungen weder zu empfindlich, noch durch müde Hände schädlich werden können; auch muß er nicht so fest geschnallt seyn, daß das Pferd beym Futter-Darreichen am Fressen gehindert werde, noch so locker, daß er von der Nase geschoben werden kann. Hauptsächlich muß der Kehlriemen in gleicher Linie mit dem äußern Augenwinkel an-genähet seyn, damit das Backenstück nie das Auge berühre, und so leicht beschädigen könne. —

So weit die Vorbereitung zu der Dressur in Rücksicht der Reitkunst.

Now this training in the stable or the first lessons in trust must necessarily precede the actual training, and always support it hand in hand. It is here that the horse must be accustomed to the first bridle and the first girthing. The best girth for getting the horse to tolerate the saddle is a girth one and a half Schuh wide [approximately one and a half feet or 45 centimetres] with three buckles and straps that are then tightened little by little while the horse gradually grows accustomed to the girth; also, the horse cannot break this broad girth, if it should fight it – something it likes to attempt again if it has succeeded in doing so once before. This girth must also have three firmly sewn-on rings, one in the middle, and one on each side, about one good span [approximately 23 centimetres] from the centre ring; the stable blanket folded into a square is then laid under the girth and the horse accepts the saddle after a short time without any resistance.[15] Girthing must, however, only be done in gradual stages; at the beginning the broad girth is only tightened enough to prevent it from slipping round, then however, little by little, one strap after the other is tightened, as in the opposite case, if the girth is immediately fastened tightly from the beginning, the horse is driven to resist and can remain afraid of girthing up for a long time, often even forever - the cause of the frequent occurrence of the horse blowing itself out when the girth is being tightened.

At the beginning, the girth may only encircle the whole or true ribs and the strap further to the rear must always be kept looser, the more it touches the false ribs.

The first bridle is likely to be what is known as the cavesson. This well-known bridle must be put on so that the nose piece lies on the more solid parts of the nasal bone, so that its effects are neither too painful, nor too damaging through heavy hands; it must also not be fastened so tightly that the horse is prevented from eating when offered food, nor so loosely that it can be pushed away from the nose. Most importantly the throat lash must be sewn on in line with the outside corner of the eye so that the cheek piece can never touch the eye, and thus easily damage it.

This is the preparation for training in the art of equitation.

---

15   TN: The author appears to be describing a breaking roller that covers the whole of the saddle area to accustom the horse to the girth before putting on the saddle proper.

ERSTE BEARBEITUNG DES PFERDES AUF DER REITBAHN

Der höchste Zweck der Reitkunst rücksichtlich der Dressur des Pferdes, kann kein anderer seyn, als das Pferd Erstens geschickt zu machen dem Reiter gehorchen zu können, und Zweytens bis zur äußersten Anstrengung seines ganzen Vermögens unverdrossen gehorchen zu wollen.

Beyde Anforderungen beruhen auf der Geschicklichkeit des Pferdes in seinen Gängen, und in dem Maße, in welchem das Pferd sie gerne vollführt. Jedes Reitpferd muß, wenn es als dressirtes gelten soll, nach Maßgabe seiner Construction gehen können und wollen; ja jeder andere Dienst, der in dem gemeinen Leben von dem Pferde verlangt wird, setzt das Gehen können und wollen voraus, so daß nach Maßgabe dessen der Werth des Pferdes sich eigentlich bestimmt.

Gehen, geschickt gehen können und wollen, muß sowohl das Pferd des gemeinen Cavalleristen, als das erste Schulpferd, und beyde müssen, als Begründung ihrer Dressur, gehen, geschickt gehen lernen. Der Grad der erlernten Geschicklichkeit ist das einzige unterscheidende Kennzeichen der mancherley dressirten Pferde.

Je nachdem daher das Pferd von Natur schon mehr oder weniger Geschicklichkeit besitzt, welche sich durch seine Gänge zeigt, wird der Abrichter seine Behandlungsart einzurichten wissen.

Kenntniß der natürlichen Gänge des rohen Pferdes bis zu den vollkommensten Graden, darf allein die erste Dressur leiten, und kann auch nur der Abrichtung den wichtigsten Fingerzeig geben.

Zuerst stelle ich daher die ersten natürlichen Gänge in ihren verschiedenen Abtheilungen dar, untersuche sie, und stelle, auf Erfahrungen und mechanische Gesetze gestützt, den vollkommensten Grad dieser Gangarten in Rücksicht des Dienstgebrauches des Pferdes auf, um darnach als Ziel der Dressur alle Übungen einzurichten.

FIRST WORKING OF THE HORSE IN THE MANEGE

The principal aim of equitation with regard to training of the horse can only be first to make the horse sufficiently skilled to be able to obey the rider, and second to kindle its desire to obey to the utmost of its ability without being forced.

Both requirements are based on the agility of the horse in its gaits and the extent to which the horse performs them willingly. Every riding horse must, if it is to be considered a trained horse, be able and willing to move in accordance with its conformation; and the prerequisite of every other task required of the horse in its lowly life is the desire and ability to move forward, so that the value of the horse is actually determined by this factor.

To go forward, to be able and willing to move with agility, is a requirement both of the lowly cavalry rider's horse and of the top school horse and both of these must learn to go forward and to move with agility as the cornerstone of their training. The degree of acquired skill is the only distinguishing feature between the many trained horses.

The trainer will know to adjust his handling methods according to how much natural ability the horse possesses, as demonstrated by its gaits.

Knowledge of the natural gaits of the green horse up to the most perfected levels can alone inform the initial training and point the way to further training.

I therefore present first the initial, natural gaits in their various segments, examine them, and present, based on experience and the laws of mechanics, the most accomplished level of these gaits with respect to the use of the horse in service, in order to adjust all exercises accordingly, as the purpose of training.

ANHANG

Der erste Zweck des Institutes, d. i. Erreichung der Gleichmäßigkeit in der Reitkunst bey der k. k. Cavallerie, begreift wohl die Reitkunst im ganzen Sinne des Wortes, nähmlich als Kunst
   a) zu reiten,
   b) reiten zu lehren,
   c) Pferde zu dressiren.

Daher betrifft die Gleichmäßigkeit, die man in der k. k. Cavallerie zu erreichen wünscht, sowohl a und b, als auch c. Sowohl die Reiterey überhaupt, als auch die Abrichtung im Allgemeinen, soll nach gleichen Grundsätzen ausgeübt werden.

Das Institut hatte es sich schon früher zum Ziele gemacht (wie aus dem im vorigen Jahre vorgelegten neuen Lehrplan zu ersehen ist), die ganz gleiche Reiterey unter den das Institut besuchenden Herren Offizieren sowohl theoretisch als praktisch zu verbreiten. Daß es in letzterer Beziehung noch so wenig hat leisten können, ist bloß dem bis jetzt fast gänzlichen Mangel an den dazu nöthigen Hülfsmitteln, nähmlich an gehörig abgerichteten Pferden, zuzuschreiben. Ohne diese Pferde ist das Institut nie im Stande, den verlangten Zweck zu erreichen. Die Pferde nun, die diesen besagten Zweck befördern sollen, müssen aber auch gleichmäßig abgerichtet seyn, und zwar ganz besonders nach der Erklärung der Principien der Führung des k. k. Reglements, wie das Institut sie ausstellt.

Übrigens müssen diese Pferde (wie auch der neue Lehrplan bestimmt) ganz den Forderungen, die das k. k. Reglement an das abgerichtete Pferd macht, entsprechen.

Diese Pferde müssen daher nicht allein in allen drey Gangarten, als Schritt, Trab und Galopp, sondern auch in allen Touren, im Travers, und im Wechseln des Galopps wirklich gehörig ausgebildet seyn. Zudem müssen sie in Allem, was das Soldatenpferd im freyen Felde leisten muß, Übung haben; sie müssen daher im Springen über Gräben und Barrieren nach richtigen Regeln dressirt seyn.

Nach der im Lehrplan aufgestellten Unterrichts-Eintheilung wird jetzt der eintretende Herr Offizier mit dem eigentlich guten Sitz sowohl theoretisch bekannt gemacht, als auch sein eigenthümlicher Sitz wirklich in Ordnung gebracht, beydes ganz nach gleichen und festgesetzten Principien des Reglements.

APPENDIX

The main purpose of the Institute, that is to achieve uniform practice of equitation in the imperial and royal cavalry, encompasses the art of equitation in the full meaning of the word, namely as the art

(a) of riding,

(b) of teaching riding, and

(c) of training horses.

Thus, the uniformity that is desired in the imperial and royal cavalry affects a, b and c. Not only riding as a whole but also training in general should be practised according to consistent principles.

As can be seen from the new syllabus presented last year, the Institute had already made it its aim to disseminate exactly the same method of riding among the officers visiting the Institute, from both the theoretical and the practical point of view. The fact that the Institute has achieved so little in this regard can be attributed simply to the almost total lack so far of the required resources, that is of suitably trained horses. Without these horses the Institute is never in a position to achieve the desired goal. The horses that are therefore to fulfil this purpose must however also be trained consistently and, what is more, quite particularly in accordance with the declaration of the guiding principles of the imperial and royal regulations as established by the Institute.

Furthermore, these horses (also as stipulated by the new syllabus) must correspond fully to the requirements that the imperial and royal regulations demand of the trained horse.

These horses must therefore not only be trained appropriately in all three gaits – walk, trot, and canter – but also be fully obedient in all movements, in travers, and in canter changes. In addition, they must be practised in everything that the military horse has to perform in the open field; they must thus be trained in accordance with the correct rules in jumping over ditches and fences.

According to the lesson schedule established in the syllabus, the newly arrived officer is now acquainted with the proper correct seat, not only in theory, but his habitual seat is also really brought into line, both entirely in accordance with the consistent, established principles of the regulations.

Zu dem Ordnen des hier und da fehlerhaften Sitzes ist der im Institute gebräuchliche geschlossene Schulsattel sehr Vortheilhaft, eben so das Reiten ohne Bügel, welches dem ganzen Körper des Reiters mehr Gleichgewicht und der Lage seiner Schenkel, also seinem ganzen Sitze mehr Tiefe im Sattel gibt. Weiterhin aber, wo die betreffenden Herren Offiziere in der richtigen Führung ausgebildet werden sollen, wäre es besser, wenn jeder derselben den Sattel seiner Waffengattung mit Bügeln ritte; denn da ist doch nun einmahl sein Sitz vertrauter, ruhiger, seine Hand daher freyer, was sie nothwendig seyn muß, um gut zu führen, weil sie mehr für sich wirken muß.

Auf dem Sattel ohne Bügel sucht der Reiter unwillkührlich, wenn auch nicht immer, doch oft, und gerade da, wo die Hand am freyesten wirken sollte, eben durch die Hand sich mehr zu erhalten, indem er sich in die Zügel legt. Auch lehrt die Erfahrung, daß, so Vortheilhaft der geschlossene Schulsattel ohne Bügel zur Correction des fehlerhaften Sitzes auch immer ist, das immerwährende Reiten in demselben, den Reiter so verwöhnt, daß er wirklich an gutem vertraulichem Sitz auf einem andern Sattel verliert, daher besonders für den Cavalleristen, dessen Sitz zur Action nie so tief, wie der des Bereiters seyn darf, das immerwährende Reiten in dem geschlossenen Schulsattel ohne Bügel nachtheilig werden muß.

Die beste Methode, um eine ganz gleiche Reiterey unter den das Institut besuchenden Herren Offizieren zu erreichen, wäre meiner Meinung nach, folgende:

Zuerst erhält der einzelne Herr Offizier auf dem, ganz nach den oben bestimmten Forderungen abgerichteten, ihm zugetheilten Pferde im geschlossenen Schulsattel ohne Bügel die ersten Anweisungen und Correctionen in seinem Sitze, versteht sich dieser Einzelne, ganz gleichmäßig, wie alle Übrigen, einzeln nach den gleichen Grundsätzen des Reglements.

Ist sein Sitz in Ordnung gerichtet —und nicht eher; nicht nach einer bestimmten Zeit — dann sollte der Herr Offizier auf dem Sattel seiner Waffengattung einzeln zu der guten richtigen Führung angeleitet werden. Es versteht sich hier von selbst, daß unter dem Sattel seiner Waffengattung bey dem Herrn Offizier jener Sattel verstanden werden muß, den derselbe in Reih und Glied zu reiten pflegt.

Ist er in der Führung unterwiesen, was wohl nur einiger Lektionen bedarf, und kann er zur Zufriedenheit des Lehrers alle Reprisen, die das Reglement angibt, ausführen, dann sollte er die Woche ein Paar Mahl mit seinen im Unterrichte gleich weit vorgeschrittenen Herren Kameraden zusammen, in militärischer Ordnung nach dem Commandoworte reiten.

To correct the seat with shortcomings here and there, the closed school saddle[16] habitually used at the Institute is very beneficial, as is riding without stirrups, which gives greater equilibrium to the rider's whole body and the position of his legs, thereby giving his entire seat more depth in the saddle. Further, however, if the relevant officers are to be trained in the correct way of aiding it would be better if each of them were to ride in the saddle of his arm of the service with stirrups, as then his seat is more familiar, confident, and quiet, and his hand is freer, as is necessary to achieve good control, as it has to work more independently.

In the saddle without stirrups the rider involuntarily attempts, not always, but nevertheless frequently, to hold himself steady by leaning on the reins at the very time when the hand should act most independently. Experience also shows that however helpful the closed school saddle without stirrups is in correcting shortcomings in the seat, constant riding in it spoils the rider to such an extent that he really loses his good, familiar seat in another saddle. This is particularly the case for the cavalry rider whose seat in action may never be as deep as that of the Bereiter, and constant riding in the closed school saddle without stirrups has to be disadvantageous.

The best method to achieve fully consistent riding among the officers attending the Institute would, in my opinion, be the following:

First, the individual officer receives the initial instruction and corrections to his seat on the horse allocated to him that is fully trained in accordance with the requirements mentioned above, in the closed school saddle without stirrups. Thus he will learn in the same way as all other officers individually according to the same principles of the regulations.

Once his seat is as it should be – and not before –, in other words not according to a pre-determined schedule, the officer should then be introduced to the correct aiding in the saddle of his arm of the service on an individual basis. It goes without saying that the saddle of his arm of the service has to mean the one the officer habitually uses for riding in military formation.

Once he has been instructed in aiding, which probably only requires a few lessons, and once he can perform all the tests ordained by the rules to the teacher's satisfaction, he should ride a few times a week with his equally advanced colleagues in military order according to the command words.

---

16   TN: This is a saddle enclosed by a high pommel and cantle.

Hierbey ist aber nicht außer Acht zu lassen, daß, wenn die dem Unterrichte beywohnenden Herren Offiziere einmahl hierin zu einer Fertigkeit gelangt sind, ihnen

Erstens: die Pferde oft gewechselt werden müssen, damit nicht ein Jeder sich zu sehr an sein Pferd gewöhne, sondern verschiedene Pferde zu behandeln lerne, welches von äußerstem Nutzen zu seiner bessern Übung ist.

Zweytens: daß die Pferde untereinander oft andere Plätze erhalten, weil sie sich zu gerne an einander und an das Commandowort gewöhnen, und dann weniger durch die Führung des Reiters als durch das Commandowort geleitet werden.

An den andern Tagen der Woche, wo die Herren Offiziere nicht in militärischer Ordnung zusammen reiten, sollten sie einzeln, unter Aufsicht ihres Lehrers, alle Reprisen des Reglements durchmachen, um immerhin in seiner Correction zu bleiben; auch hier sollten Dieselben öfters ihre Pferde wechseln.

Diese Übungen nun, sowohl im Ganzen in streng militärischer Ordnung und Adjustirung, wie einzeln unter Aufsicht des Lehrers, sollten durch die ganze Unterrichtszeit pünktlich fortgesetzt werden.

Um aber diese Übungen fortsetzen zu können, müßte die Anzahl der Übungspferde mit der Anzahl der an dem Unterrichte Theil nehmenden Herren Offiziere, die mit ihren Unteroffizieren wechseln könnten, im genauen Verhältnisse stehen.

Diese bestimmte Anzahl von Pferden müßte dem Institute immer verbleiben, damit der Unterricht für sämmtliche betreffende Herren Offiziere stets gleichmäßig gegeben werden könnte.

Diese nothwendig im Institute selbst zu bildenden Pferde sollten aber den Herren Offizieren platterdings nicht eher zugetheilt werden, als sie nicht völlig nach benannten Forderungen abgerichtet sind, und ihre Ausbildung sollte hauptsächlich einzeln geschehen, weil nur so jedes Pferd richtig ausgebildet werden kann.

Das Reiten zu Mehreren nach Commando kann und darf nur ganz allein zur Übung des Reiters angeordnet werden.

Besitzt einmahl das Institut diese Pferde, dann kann der vorgesteckte Zweck wohl ganz erreicht werden.

Man hat die Frage aufgeworfen, ob die im Institute unterrichteten Herren Offiziere bey ihrem Regimente Credit genug finden würden, um alle die so häufigen und bedeutenden Zweifel zu heben, welche hinsichtlich der Auslegung des Reglements existiren.

However, in this regard it should not be overlooked, that once the officers attending the lesson have achieved a certain degree of ability they should:

First, have their horses changed frequently, so that each one does not get too used to his horse, but learns to handle various horses, which is of great value for better practice; and

Second, the horses should change places often, because they tend to become accustomed to each other and to the commands and then are guided more by the commands than by the rider.

On the other days of the week, when the officers do not ride together in military formation, they should practise all the regulation tests individually under the supervision of their teacher in order to remain still under his correction; these officers too should change horses frequently.

These exercises, both as a group in strict military order and uniform and individually under the teacher's supervision, should be practised precisely throughout the lesson.

To be able to continue to practise these exercises, however, the number of school horses should be in exact relation to the number of the participating officers, who could interchange with their subordinate officers.

This specific number of horses should remain at the Institute so that the same training could always be given consistently to all the relevant officers.

These horses that must necessarily be trained in the Institute itself should however not be allocated to the officers straight away before they have been trained according to the aforementioned requirements, and their training should mainly take place individually, as this is the only way to train each horse correctly.

Riding in a group according to command can and may only be arranged for the purpose of drilling the riders.

Once the Institute has these horses the declared aim can surely be achieved in full.

The question has been raised of whether the officers trained at the Institute would have enough good standing in their regiment to overcome the all too frequent and significant doubts which exist with regard to the interpretation of the regulations.

Hier kommt es nun wohl darauf an, ob

1. der Herr Offizier für seine Person überhaupt schon Credit im Regimente besitze, und ob er dann

2. Fähigkeit und Willen genug habe, um in dem Institute vollends ausgebildet werden zu können.

Daher wäre von Seite des Regiments die strengste Auswahl, und von Seite des Instituts die genaueste Prüfung sowohl der Fähigkeit als des Willens nöthig, bevor der ankommende Herr Offizier in das Letztere wirklich aufgenommen würde. Denn nicht allein, daß durch die aus eigener Schuld vernachlässigte Bildung des Einzelnen das Institut an seinem Credite verlieren müßte; so würde auch das Wohl des Ganzen darunter leiden, weil an der Stelle dieses wenig oder gar nichts Leistenden ein Anderer mit besserem Erfolge hätte gebildet werden können.

Bey aller Fähigkeit aber, und mit der besten im Institute erlangten Ausbildung wird der betreffende Herr Offizier dennoch nicht im Stande seyn, alle Zweifel, die anerkanntermaßen selbst unter den Inspecteurs der Cavallerie Statt finden, zu lösen, wenn er nicht einen vollständigen Commentar des k. k. Reglements erhält, der von einem hochlöblichen Hofkriegsrathe sanctionirt worden ist. Dann kann er sich in seinen Erklärungen auf eine entscheidende Autorität berufen, dann hat er eine Basis, worauf er seinen Unterricht im Regimente gründen kann.

Hier sey es mir erlaubt, einen Vorschlag zu erneuern, den ich schon gelegenheitlich des mir vor Wiedererrichtung des Institutes ertheilten Auftrages, einen neuen Lehrplan für dasselbe zu entwerfen, gemacht habe. Manche andre meiner Vorschläge wurden damahls angenommen und auch ausgeführt, dieser aber, den ich hier zu wiederhohlen mich bemüssiget sehe, wurde wenigstens nicht ausgeführt. Schon damahls hielt ich denselben für sehr vortheilhaft, setzt möchte ich seine Ausführung für unumgänglich nothwendig halten.

Ich schlug damahls vor, es solle jeder an dem Unterrichte Theil nehmende Herr Offizier zwey rohe Remonten vom Regimente mit zum Institute bringen, und da ganz nach der im Institute aufgestellten Methode dressircn, eine für sich, eine für seinen Unteroffizier.

Die Dressur dieser Remonten müßte ihm bey seiner Zurückkunst zum Regimente als Zeugniß seiner Ausbildung und im Institute zur Aneiferung seiner Thätigkeit dienen.

This will probably depend on:

(1) whether the officer already has high standing himself with the regiment, and then

(2) whether he has enough capability and desire to be able to be fully trained at the Institute.

Hence, the strictest selection by the regiment and the most intense scrutiny by the Institute of both ability and desire are necessary before the officer arriving would actually be accepted at the Institute. After all it is not only a matter of the Institute losing its reputation through its own fault by neglecting the training of the individual; it would be to the detriment of the whole, because instead of this person performing poorly or not at all, another person could have been trained with greater success.

However, with full capability, and even with the best training to be obtained at the Institute a given officer will nonetheless be unable to resolve all doubts that, as is acknowledged, even exist among the inspectors of the cavalry, if he does not receive a comprehensive commentary of the imperial and royal regulations sanctioned by a highly respected court war council. Then he can rely on a decisive authority for his explanations; then he has a basis, on which he can found his lessons in the regiment.

I would like to repeat a suggestion at this point, which I already made at the time of the assignment allocated to me before the reconstitution of the Institute, of drafting a new syllabus for said Institute. Many others of my suggestions were accepted at that time and also carried out, but this one, which I feel compelled to repeat here, was not carried out. Even then, I considered it very beneficial and now I see its execution as indispensable.

At that time I suggested that every officer taking part in instruction should bring two green remounts from the regiment with him to the Institute and train them there in line with the method developed at the Institute, one remount for himself and one for his subordinate officer.

The training of these remounts would serve upon his return to the regiment as proof of his training and act as a stimulus to his activity at the Institute.

Der Herr Offizier kann unmöglich genug Interesse daran finden, stets nur für fremde, ihm sogar unbekannte Reiter, oft die unangenehmsten Remonten zuzurichten. Auch sein Ehrgeitz kommt zu wenig ins Spiel, als daß ihn dieser, trotz der Unannehmlichkeit der Dressur zum Fleiß ermuntern könnte; denn in jedem Falle, die Dressur mag gelingen oder nicht, heißt es doch immer, das Institut und nicht der Offizier N. N. hat dieses oder jenes Pferd dressirt. hierauf, wovon mich jetzt die Erfahrung gänzlich überzeugt hat, gründet sich hauptsächlich meine Meinung, daß die Ausführung dieses Vorschlages nicht allein von großem Nutzen, sondern daß sie selbst nothwendig ist. Besonders ist, wenn man in Betrachtung zieht, wie schlecht die meisten Charge-Pferde, welche bis jetzt die Herren Offiziere mit hierher brachten, abgerichtet waren, sehr zu bezweifeln, ob er bey seiner Rückkehr zum Regimente Pferde antreffen werde, an welchen er seine hier und da geänderte Methode, besonders in der Führung hinlänglich bestätigen kann, was er aber können wird, sobald er zwey nach der im Institute aufgestellten Methode dressirte Pferde mitbringt.

Die Auseinandersetzung der weitern Vortheile dieses meines Vorschlages, so wie die Widerlegung der allenfallsigen Einwürfe dagegen, behalte ich mir bis zur Discussion über mein dem Institute übergebenes Gutachten rücksichtlich der Dressur der Remonten bevor, um dem dabey Statt findenden Ideengange ganz genau folgen zu können.

Man hat das Wegspreitzen der Beine und Flattern der Arme gerügt, wozu wahrscheinlich der Umstand die Veranlassung gab, daß man den einen oder andern Herrn Offizier auf seinem eigenen Pferde also reiten sah. Dieser gerügte Fehler ist bestimmt eine Folge von zu mangelhafter Bildung des Herrn Offiziers auf seinem eigenen Sattel, und wird wegfallen, wenn der Herr Offizier nicht immer indem geschlossenen Schulsattel, sondern täglich auch auf seinem eigenen Sattel unterrichtet und corrigirt werden wird, wobey jedoch ganz strenge nach den Grundsätzen des Reglements, sowohl theoretisch als praktisch die Lehrmethode des Instituts gehandhabt werden muß.

Man hat die Behauptung aufgestellt, das Schulpferd wäre dem Institute nicht nothwendig, sondern nur eines Theils nützlich.

Es kommt hier wohl ganz darauf an, von welcher Ansicht über das Schulpferd man überhaupt ausgeht, und welchen Begriff man mit Schulpferd verbindet, um zu bestimmen, in wie weit dieselben nothwendig, oder nicht sind, für ein Institut, dessen Zweck, wenn auch der erste, doch nicht der einzige seyn kann, die dasselbe besuchenden Herren Offiziere zu gleichmäßig guten Reitern zu bilden. Diese sollen ja, dem laut gewordenen Wunsche gemäß, bey den Regimentern die Stelle eines Bereiters ersetzen; sie sollen daher nicht

It cannot possibly be of sufficient interest to an officer constantly to have to prepare what are often the most unpleasant remounts for new riders whom he does not even know. His ambition also comes too little into play for it to spur him to apply himself to the rigours of training; after all, in any case, whether the training is successful or not, it is always the Institute and not the unnamed officer that is considered to have trained any given horse. I am convinced of this by my experience and my opinion is primarily based on the view that the execution of this proposal would not only be of great benefit, but is also even necessary. It is particularly doubtful, bearing in mind the poor level of training of most rank horses that the officers have so far brought with them to the Institute, whether an officer will encounter, upon his return to the regiment, horses on which he can adequately confirm the method that he has adapted here and there, especially with regard to aiding. He would, however, be able to do this, if he were to take two horses trained according to the methods developed at the Institute back with him.

I will reserve the analysis of the additional advantages of this proposal of mine, as well as the refutation of the most common objections to it, for the discussion of my report submitted to the Institute on the training of remounts, in order to be able to follow precisely the train of thought taking place in such discussions.

There has been criticism of legs sticking out too far and arms flapping, no doubt occasioned when one or other officer has been seen riding his own horse. This deplorable error is certainly a consequence of too little training of the officer in his own saddle, and will disappear if the officer is trained and corrected daily in his own saddle, and not just always in the closed school saddle. In this process the teaching method of the Institute must, however, be followed very strictly in accordance with the principles of the regulations, both in theory and practice,

It has been claimed that school horses are not necessary to the Institute, but only of partial use.

Determining the extent to which they are necessary or not, for an institute whose primary, if not its only goal is to train the officers attending it to be uniformly good riders probably depends entirely on the nature of the opinion adopted at the outset with regard to the school horse, and the concept associated with it. After all, the wish that these officers should act as

allein zu guten Reitern, zu Bereitern sollen sie gebildet werden. —

Stellt man sich unter Schulpferd ein Pferd vor, das durch eine lange wiederhohlte Übung seine Lectionen fast auswendig (und keine nach dem geänderten Willen des Reiters) nacheinander in ewig einer und derselben Ordnung fortmacht, wie es jetzt leider manche als Schulpferde passirende, oder zu Schulpferden gezwungene Thiere gibt; so ist ein solches Pferd dem Institute nicht allein nicht nothwendig, sondern auch gar nicht nützlich. Gibt man aber, nach Verdienst, den Nahmen Schulpferd nur jenem Pferde, welches in allen Gängen vollkommen, bestimmt und taktmäßig ist, das alle Hülfen, wenn diese richtig sind, schneller und richtiger fühlt und befolgt, dann glaube ich wird ein solches Pferd nothwendig für ein Institut, welches die ihm anvertrauten Herren Offiziere dahin bilden will, daß sie die k. k. Cavallerie zu bilden im Stande seyn sollen. Solche Männer müssen die bestimmtesten und hellsten Begriffe von der guten Bewegung des Pferdes und von der richtigen Wirkung des Reiters auf das Pferd überhaupt besitzen, sonst können sie den Gang des Pferdes weder im Allgemeinen noch im Einzelnen gehörig beurtheilen, können nicht beurtheilen, ob er gut oder schlecht, richtig oder unrichtig ist — können keine guten Abrichter seyn. Sie müssen die deutlichste Idee von der richtigen Führung und der richtigen Wirkung der Hülfen haben, sonst können sie das Verfahren des Reiters nicht bestimmen; und können sie diese Begriffe, diese Ideen erhalten, wenn sie nie die richtige Bewegung gefühlt, nie ein Pferd geritten haben, welches genau und fein alle Hülfen, wie sie angewendet werden, geht? und ist das Schulpferd, oder soll das Schulpferd ein anderes als ein solches seyn? — Darum soll das Schulpferd seine Bewegung so bestimmt, so taktmäßig, mit so aushaltendem Tempo gehen, damit der Schüler Zeit hat die Bewegung fühlen zu lernen; darum soll das Schulpferd auf die gelindeste Anwendung der Hülfen, verhältnißmäßig gehen, auf den leisesten Zug der Führung sich stellen und leiten lassen, damit der Schüler, was seine Hülfen und wie sie verhältnißmäßig wirken, fühlen, und einsehen lerne, wie genau seine richtige Führung in Betrachtung komme. Dieß kann der Herr Offizier auf dem Pferde nicht erlernen, das er in Reih und Glied, oder im Institute als gewöhnliches Dienstpferd, wie das Reglement solches verlangt, zu seiner eigenen Übung als militärischer Reiter reitet; dieses Pferd kann und soll nicht so fein seyn, und seine Bewegungen müssen schneller und mit kühnerem Tempo erfolgen, um ein gutes Soldatenpferd zu heißen. Und so wird doch wohl ein solches Schulpferd dem Institute nöthig seyn, welches Abrichter für die k. k. Cavallerie bilden soll.

Bereiter in the regiments has been clearly expressed; they should therefore not just be trained as good riders, but also as Bereiter.

If the concept of a school horse is one that by dint of long repeated practice performs its lessons almost by heart (and none according to the wish of the rider to do otherwise), one after the other, perpetually in the same order, as is unfortunately now the case with many horses that pass as, or are forced to be, school horses; such a horse is not only not needed by the Institute, but also of no use at all. Whereas, if the title of school horse is given only on merit to the horse that is perfect, steady and rhythmical in every one of its gaits, that feels and responds to all aids, when applied accurately, more quickly and correctly, then I believe such a horse is indeed necessary to an institute that aims to train the officers entrusted to it to the point where they would be capable of training the imperial and royal cavalry. Such men must master above all both the most specific and the clearest concepts of good movement of the horse and of the correct effect of the rider on the horse, otherwise they cannot appropriately judge the horse's way of going in either the general or the specific sense, whether it is good or bad, correct or incorrect. In short they cannot be good instructors. They must have the clearest idea of the correct control and the correct effect of the aids; otherwise they cannot determine the procedure to be followed by the rider. How can they obtain these concepts and ideas if they have never felt the correct movement, have never ridden a horse that goes well and properly, obeying all the aids as they are applied? And is the school horse or should the school horse be anything other than as described above? For this reason the school horse should move with such a steady, rhythmical and constant tempo that the student has time to learn to feel the movement; for this reason the school horse must respond accordingly to the softest application of the aids, and allow itself to be positioned and guided with the lightest touch of the reins, so that the student learns to feel and realise what his aids do and their corresponding effect, and how precisely his correct aiding comes into consideration. An officer cannot learn this on a horse that he rides in military formation or at the Institute as his usual service horse for his own practice as a military rider, as indicated in the regulations. This horse can and must not be that sensitive and its movements must be quicker and at a sharper tempo in order to be a good soldier's horse. However, school horses as described above are required for the Institute to train instructors for the imperial and royal cavalry.

Wie Vortheilhaft überdieß Schulpferde dem Lehrer, der eine Theorie aufstellen, oder theoretische Vorlesungen der Reitkunst halten soll, werden, um seine Grundsätze, seine Regeln durch das eigene Gefühl dem Schüler bekräftigen, beweisen zu können, ist wohl nicht mehr nöthig zu erwähnen.

Nur muß das Schulpferd so und nicht anders seyn, als ich es hier beschrieben habe; und nicht ein Pferd, was die einmahl pedantisch angenommene Ordnung der Schulen entweder auswendig gelernt hat, oder gezwungen durchgeht. Diese Schulen oder Touren, deren Entstehung auf den alten militärischen Übungen beruht, nützen dem Reiter gar nichts, wenn er sie nicht allein durch eigene Hülfen, nach eigenem Willen, bloß um seine richtige Führung oder die Anwendung seiner Hülfen zu prüfen und zu bilden, mit dem Pferde machen kann. — Vollkommen richtig ist die Bemerkung, daß die Abrichtung der Schulpferde in der Regel nicht dem mit der Abrichtung der Dienstpferde sich befassenden Herrn Offizier übertragen werden dürfe, um denselben in seinem System der Dressur, das er sich doch bilden soll, nicht irre zu machen. Nur solche Herren Offiziere, die sich über die Dressur des Dienstpferdes schon helle Begriffe und eine große Fertigkeit derselben erworben haben, dürfen zu der Bearbeitung der Schulpferde verwendet werden; sonst sollen die Schulpferde nur als bereits abgerichtet den Herren Offizieren zu ihrer Ausbildung, zur deutlicheren Erklärung und zum Belege der Richtigkeit der Theorie, die der Lehrer aufstellt, gezeigt, und von ihnen geritten werden.

Übrigens sollte alle Bearbeitung, die nicht das Dienstpferd strenge nach dem erklärten Sinne des Reglements erhalten soll, gänzlich vermieden werden.

It hardly needs to be mentioned how beneficial school horses would also be to the teacher, who has to present a theory, or hold a theoretical lecture on equitation, in order to be able to demonstrate his principles or rules that improve the rider through [developing] his own feel.

The school horse must only be like this and not any different from what I have described here. It must not be a horse that has either learnt what was once the pedantically accepted order of school exercises by heart, or performs them through force. These schooling exercises or movements, the creation of which is based on the old military exercises, are of no use at all to the rider unless he can perform them with the horse merely through his own aids at his own behest purely to test and improve his correct riding or the application of his aids. The remark that the training of school horses should generally not be made the responsibility of the officer in charge of preparing service horses, in order to avoid confusing his system of training, which he must after all develop himself, is perfectly correct. Only those officers, who have already acquired clear concepts of the training of service horses and have attained a high degree of accomplishment in such training, may be used in working school horses. Otherwise, only school horses that are already trained must be shown to and ridden by the officers for their training and greater clarification, and as evidence of the correctness of the theory presented by the teacher.

Furthermore all working that does not exercise the service horse strictly in accordance with the declared purpose of the regulations must be avoided altogether.

VON DER BEZÄHMUNG EINES DURCH GÜTE NICHT ZU CORRIGIRENDEN PFERDES

Das Pferd soll niemahls frey ausgehen, bis es nicht durch Güte oder Strenge vertraut gemacht worden ist.

Gelingen alle Versuche der Güte nicht, so muß eine wohlberechncte Strenge eintreten.

Auf dem nähmlichen Platze, wo sich das Pferd widersetzt, muß auch die Strafe erfolgen, und zwar mit Peitschenhieben, Hunger und Durst. Das Pferd wird auf dem Platze, auf welchem es Bosheit bezeigt, festgehalten und taktmäßig mit zwey Schulpeitschen, ohne die Füße zu berühren, so lange gestraft, bis es Schmerz äußert, sodann unverzüglich in den Stall geführt, umgekehrt aufgebunden, und nicht gefüttert. Nachmittag kommt dasselbe wieder auf die Reitbahn, dort wird ihm die halbe Hafer-Portion gereicht und etwas Wasser gegeben. Erst nachdem das Pferd auf der Reitschule seine Lection vollbracht hat, wird es wieder in dem Stalle ordentlich gefüttert. Nach zwey oder drey Wiederhohlungen dieser Curart ist das Pferd nicht wieder ungehorsam. In langer Zeit zeigt sich manchmahl wieder ein Rückfall, welcher auf die nähmliche Art behandelt, und worauf das Pferd, meistens auf immer, geheilt zu werden pflegt.

Durch das lange Herumjagen wird das Pferd in der That verdorben und nicht gebessert.

Aus den Ukrainern, Moldauern und Ungarischen Pferden, wovon die Letzten bis ins Alter scheu bleiben, ist kein zuverlässiges Dienstpferd für einen Stabs-Offizier der Infanterie zu gewärtigen. Doch sind diese, so wie deutsche Pferde von großem, ungestalteten Schlage dem Institute nicht allein nützlich, sondern höchst erforderlich, um dem Offizier Beyspiele über die Art darzustellen, nach welcher unbändige und boshafte Pferde zum Dienste der Cavallerie ohne Nachtheil ihrer Füße und der Gesundheit des Reiters abgerichtet werden sollen, und welche davon die Eignung als Charge-Pferde, oder als abgerichtete Remonten für die Cavallerie zu erhalten haben.

TAMING A HORSE
THAT CAN NO LONGER BE CORRECTED BY KINDNESS[17]

The horse must never go out free until it has become trusting through kindness or discipline.

Should all attempts at kindness fail, appropriately measured discipline must be used.

The punishment must take place at the exact place where the horse disobeys and specifically using the whip, hunger and thirst. The horse must be held at the spot where he misbehaves, and punished rhythmically with two schooling whips at once without touching the feet, until the horse shows evidence of pain. Then it must be led immediately to its stall, be tied facing the wrong way and not fed. It must be returned to the manège in the afternoon where it is given a half portion of oats and some water. Only once the horse has completed its lesson in the riding school, will it be fed properly in its stall. After two or three repetitions of this corrective measure the horse is no longer disobedient. Sometimes there is a relapse after a long period, which should be handled in the same way, and after which the horse is usually cured forever.

Chasing the horse around for a long time actually spoils the horse rather than improving it.

Reliable service horses for infantry staff officers cannot be made from Ukrainian, Moldovan or Hungarian horses, and the latter remain timid to an advanced age. However, such horses, as well as large German horses with poor conformation are not only useful to the Institute but also highly necessary to provide the officer with examples of the way in which undisciplined and misbehaved horses must be trained to serve the cavalry without detriment to their feet or the health of the rider, and which among them is suitable to be kept as rank horses or as trained remounts for the cavalry.

---

17   "TN: The views expressed in this section do not represent modern practice of good horsemanship and are not the views of the Spanish Riding School of today."

Das Biegen der Pferde und die Wechslungen mit dem Übertreten der Füße ist ein eben so vortheilhaftes Mittel, das Pferd gehen, schulterfrey und geschickt zu machen, als wegen der Mißgriffe die daraus erfolgen können, gefährlich, wenn junge Leute ohne hinlängliche Erfahrung diese Methode bey den Regimentern nach Belieben anwenden dürfen.

Die größte Kunst des Cavalleristen besteht in der ruhigen Leitung seines Pferdes im gleichen Tempo auf schnurgerader Linie.

Der Travers allein darf dem gemeinen Manne gelehrt werden, damit er in seinen Begriffen nicht irre werde, und unter diesem Titel diejenige Bewegung mit seinem Pferde hervorbringe, welche zur Bewirkung einer Schwenkung im vierten Gliede hinter dem Pivot nothwendig ist.

Der größte Theil der Uhlanen- und Husaren- Pferde können sich gar nicht biegen, wenn der Mantel gerollt und aufgebunden ist, da nur der Kopf vor den Mantel hervorsteht; daher sollte der gemeine Mann angeeifert werden, daß er sein Pferd durch Darreichung von Brot im Stalle gewöhne, den Kopf nach und nach in so weit auf beyde Seiten des Körpers zurück und an den Leib zu bringen, als es die Struktur des Halses gestattet, da dieses auch die erste nothwendigste Lection für jedes Schulpferd ist.

Die Dressur zu Fuß eines Remonten gehört gar nicht zum Militär-Unterricht, und wenn sie auch noch so viele Vortheile gewährt, so ist sie dem Zwecke nicht angemessen, weil junge, keine erprobte Erfahrung besitzende Abrichter den Nachtheil hervorbringen würden, die Pferde mehr unter sich als vorwärts zu bringen. — Diese Abrichtungs-Methode kann nur bey eigenen Pferden in dienstfreyen Stunden Platz greifen.

Bending of horses and changes of direction with crossing of the legs are as beneficial a means of making the horse agile and free in the shoulder as they can be dangerous because of the errors that can arise if young people without sufficient experience are allowed to apply this method at will in the regiments.

The greatest art of the cavalry rider lies in the quiet guiding of his horse at an even tempo on a perfectly straight line.

The travers alone may be taught to the ordinary person so that he does not confuse his ideas and in so doing produce the movement with his horse that will cause a flexion in the fourth vertebra behind the atlas or poll.[18]

The majority of Uhlan and Hussar horses cannot actually bend at all when the coat is rolled and bound up, as only the head protrudes beyond the coat; therefore the ordinary man should be encouraged to accustom his horse by offering bread in the stall to gradually bend its head as far back on both sides of its body towards its trunk as the structure of the neck allows, as this is also the first, most essential lesson for every school horse.

Training of a remount from the ground is not a part of military instruction and although it has many benefits it is not appropriate for this purpose, because young trainers without proven experience would produce the negative effect of making the horse come more underneath itself than forwards. This training method can only have a place with one's own horses out of working hours.

---

18   TN: In other words, he would cause his horse to become overbent.

XENOPHON PRESS LIBRARY
www.XenophonPress.com

Xenophon Press is dedicated to the preservation of classical equestrian literature. We bring both new and old works to English-speaking riders.

30 Years with Master Nuno Oliveira, Henriquet 2011
A New Method to Dress Horses, Cavendish 2017
A Rider's Survival from Tyranny, de Kunffy 2012
Another Horsemanship, Racinet 1994
Austrian Art of Riding, Poscharnigg 2015
Classic Show Jumping: the de Nemethy Method, de Nemethy 2016
Divide and Conquer Book 1, Lemaire de Ruffieu 2016
Divide and Conquer Book 2, Lemaire de Ruffieu 2017
Dressage for the 21st Century, Belasik 2001
Dressage in the French Tradition, Diogo de Bragança 2011
Dressage Principles and Techniques, Tavora 2017
Dressage Principles Illuminated, Expanded Edition, de Kunffy 2017
École de Cavalerie Part II, Robichon de la Guérinière 1992, 2015
Equine Osteopathy: What the Horses Have Told Me, Giniaux 2014
Fragments from the writings of Max Ritter von Weyrother, Fane 2017
François Baucher: The Man and His Method, Baucher/Nelson 2013
Great Horsewomen of the 19th Century in the Circus, Nelson 2015
Gymnastic Exercises for Horses Volume II, Eleanor Russell 2013
H. Dv. 12 Cavalry Manual of Horsemanship, Reinhold 2014
Handbook of Jumping Essentials, Lemaire de Ruffieu 2015
Handbook of Riding Essentials, Lemaire de Ruffieu 2015
Healing Hands, Giniaux, DVM 1998
Horse Training: *Outdoors and High School*, Beudant 2014
I, Siglavy, a novel, Asay 2017
Learning to Ride, Santini 2016
Legacy of Master Nuno Oliveira, Millham 2013
Lessons in Lightness, Mark Russell 2016
Methodical Dressage of the Riding Horse, Faverot de Kerbrech 2010
Principles of Dressage and Equitation, a.k.a. Breaking and Riding, Fillis 2017
Racinet Explains Baucher, Racinet 1997
Science and Art of Riding in Lightness, Stodulka 2015
The Art of Riding a Horse or Description of Modern Manege in Its Perfection, D'Eisenberg 2015
The Art of Traditional Dressage, Volume I DVD, de Kunffy 2013

The Ethics and Passions of Dressage Expanded Ed., de Kunffy 2013
The Forward Impulse, Santini 2016
The Gymnasium of the Horse, Steinbrecht 2011
The Horses, a novel, Elaine Walker 2015
The Italian Tradition of Equestrian Art, Tomassini 2014
The Maneige Royal, de Pluvinel 2010, 2015
The Portuguese School of Equestrian Art, de Oliveira/da Costa 2012
The Spanish Riding School & Piaffe and Passage, Decarpentry 2013
To Amaze the People with Pleasure and Delight, Walker 2015
Total Horsemanship, Racinet 1999
Training with Master Nuno Oliveira double DVD set, Eleanor Russell 2016
Truth in the Teaching of Master Nuno Oliveira, Eleanor Russell 2015
Wisdom of Master Nuno Oliveira, de Coux 2012

Available at www.XenophonPress.com

www.ingramcontent.com/pod-product-compliance
Lightning Source LLC
Chambersburg PA
CBHW050634150426
42811CB00052B/804